初めて学ぶ
リスク科学

前向きにリスクを語ろう

Risk Science

柴田　清　編著

安藤 雅和・越山 健彦・徐　春暉
高木　彩・高嶋 隆太・山崎　晃　著

日科技連

まえがき

　「リスク」がさまざまな分野で語られるようになってきています．「安心・安全」という「リスク」と対極にあると見られる言葉が政策目標となったりしています．「リスク」は現代の社会を語るうえでは見逃すことができない大事なキーワードです．

　大学で「リスク」に関する総合的な教育を始めようとしたとき，そんな後ろ向きの考えは教えない方がよいというような声が聞こえてきました．リスクというと，何か避けなければならないこと，あってはならないこと，口にするのもはばかられるようなことというイメージをもっている人もいるようです．それはわからないわけでもありません．リスクを心配するより，未来の夢を語るほうが楽しいと思うのは当然のことです．あるいはリスクをいろいろ心配していても，それが現実のものにならなかった場合，心配したことや対策は無駄になってしまうという考え方もありえるでしょう．

　しかし，実はリスクを考えるということは非常に前向きなことなのです．人間の尊厳はそれぞれの理想を夢として描き，その実現に向かっていくことにあるといえます．夢があるということは，それが実現できないというリスクもあるわけです．無邪気に夢ばかり追うのでは，夢は叶いません．夢を叶えるためにはそれを阻むリスクを乗り越えたり，かわしたり，どう対処するか考える必要があります．

　また，「リスク」がさまざまな分野で語られ，それぞれの発展を遂げつつあるようにも見えます．もう一度，横断的な視点から「リスク」という考え方を見直し，整理する時期に来ているとも思います．

　本書はさまざまな分野のリスクマネジメントを勉強する学生や，広くリスクあるいはリスクマネジメントを理解したいという方のための入門書です．そして，章ごとに，もっと勉強したい人のために専門的な深みをもった参考図書を

まえがき

紹介するようにしました．また，リスクに関して日々新しい出来事が起こっています．そのような出来事をここで学んだリスクの考え方を使って解読してみることをお勧めします．

ここで本書の構成を紹介しておきましょう．第1章では，本書でなぜ「リスク科学」という枠組みを考えたのかについて説明します．そして第2章では，「リスク」とはどのようなことをいうのかについて，標準的な考え方を紹介します．つづいて第3章から第8章までは，消費者用製品，日常生活，天然資源の利用，環境，情報，そして企業経営の場面でどんなリスクが存在するのか，またそれらにどう対処するのかを紹介します．つづいて，以降の第9章から第13章は，金融工学にかかわる内容です．金融市場でのリスクおよび投資判断の考え方を紹介します．そして，第14章ではリスクの認知とコミュニケーションの問題について，最後の第15章ではそれまでの各論を横断的に見た立場から，さまざまな分野のリスクを学ぶことの意義を再確認します．本書は7人で分担して執筆しています．各著者の関心のもち方，あるいは学術や実務経験のバックグラウンドによって執筆のスタイルが違っていますが，あえて統一はしていません．

本書が，人生を前向きに生き，社会と前向きに付き合っていきたいと思う人々の手助けになることを願っています．

2013年1月

著者を代表して　　柴田　清

目　次

まえがき ……………………………………………………………………… iii

第1章　リスク科学とは ……………………………………………… 1
1.1　リスク科学とは　1
1.2　なぜ，今リスクか　2

第2章　リスクとは何か
　　　　　―「リスクマネジメント」の観点から― ……………… 5
2.1　「リスク」という表現　5
2.2　リスクの大きさの表し方　7
2.3　リスクの種類　9
2.4　リスクの分類方法　13
2.5　リスクの特徴　14
2.6　紛らわしい関連用語「ハザード」　18

第3章　製品のリスク ………………………………………………… 21
3.1　身の回りの製品(消費者用製品)とは　21
3.2　製品事故リスクの実状　23
3.3　安全と事故のリスクの関係　25
3.4　製品事故のリスクを減らすには　26
3.5　製品事故の例　27
3.6　製品事故のリスクを減らすための基本原則　29
3.7　製造物責任リスク　31
3.8　欠陥概念について　32
3.9　製品事故のリスクについて　33

目　次

第4章　生活とリスク … 37
4.1　生活とリスク　37
4.2　生活における交通のリスク　37
4.3　道路交通とリスク　40
4.4　鉄道交通とリスク　45
4.5　おわりに　49

第5章　資源の安定供給リスク … 51
5.1　はじめに　51
5.2　資源開発　51
5.3　リスクマネー供給を含む公的な支援　55
5.4　日本の社会が直面する資源リスク　57
5.5　世界に大きな影響を及ぼす中国　62
5.6　資源を海外に頼ることのリスク低減のために　64
5.7　おわりに　65

第6章　環境リスク … 67
6.1　はじめに：「環境リスク」とは　67
6.2　環境に対するリスク　68
6.3　環境問題への対応によって生じる企業経営リスク　69
6.4　有害物質によるリスク　71
6.5　おわりに　81

第7章　情報リスク … 83
7.1　情報とリスク　83
7.2　IT技術とリスク　86
7.3　本当に恐れるべき情報リスクは　94

目　次

第8章　企業経営リスク ……………………………………………………… 97
　8.1　企業経営とは　97
　8.2　企業経営のリスクとは　101
　8.3　どうリスクマネジメントしていくべきか　106
　8.4　新しい企業経営のリスクマネジメントの姿　109

第9章　金融と金融リスク ……………………………………………………… 115
　9.1　経済活動と金融　115
　9.2　金融の分類：間接金融と直接金融　117
　9.3　金融市場と金融商品　120
　9.4　金融リスクについて　123
　9.5　まとめ　125

第10章　信用リスクとその管理 ……………………………………………… 127
　10.1　信用リスクについて　127
　10.2　信用力の表現：格付について　129
　10.3　信用リスクの管理　132
　10.4　債権の証券化：信用リスク移転策として　134
　10.5　まとめ　136

第11章　市場リスクとその管理 ……………………………………………… 137
　11.1　はじめに　137
　11.2　市場リスク　138
　11.3　まとめ　147

第12章　企業の投資意思決定とリスク ……………………………………… 149
　12.1　現在価値　149
　12.2　資本コスト　151

目　次

　　12.3　正味現在価値　154
　　12.4　投資プロジェクト評価　155
　　12.5　応用例：競合する家電メーカのNPV比較　157

第13章　リスクに対応した柔軟性のある投資意思決定 ……………… 161
　　13.1　不確実性とリスク　161
　　13.2　2期間モデル　163
　　13.3　リアルオプション分析　167
　　13.4　応用例：アルバイトを決定するタイミング　169

第14章　リスク認知とコミュニケーション ……………………………… 173
　　14.1　リスク管理におけるコミュニケーションとリスクの認知の問題に
　　　　　ついて　173
　　14.2　リスクコミュニケーション　174
　　14.3　リスク認知　177
　　14.4　おわりに　183

第15章　リスク科学を学ぶ意義 …………………………………………… 185

補　章　リスク評価のための基礎的な数学 ……………………………… 195

あとがき ……………………………………………………………………… 201
索　引 ………………………………………………………………………… 203
編著者・著者紹介 …………………………………………………………… 207

第1章

リスク科学とは

> 「リスク科学」という言葉は、社会的に流通していません。本章では，論理実証的で体系だった「科学」とは異なり，リスクについての知識がさまざまな分野（科）に分かれているように見えるという認識から出発します。そして，今なぜリスクが注目されなければならないかを踏まえて，さまざまな分野のリスクを学ぶことの意義について述べていきます。

1.1 リスク科学とは

「リスク科学」とは，一般になじんだ用語ではありません。そこで，「リスク科学」とは何かを考えてみます[1]。まず，「科学」とは何かということですが，これは大変難しい問題です。とりあえず一般的に受け入れやすいのは，自然に関する理論的な知識体系で，仮説の実証を通してその知識の確からしさを確固としたものにしていくということでしょう。合理性・論理性，実証性などのキーワードがあげられる，いわゆる「理科」のイメージです。しかし，科学の対象は時として自然現象だけでなく経済などの社会の働きや人間の行動などに広げられることがあります。このように，実証ができない知識分野も，科学として扱われたりします。また，もう一つ大事な科学の特徴は，色々な現象を，少数の，できればただ一つの理論で統一的に説明してしまおうとする傾向で，世界の統一的な理解を目指しているといえます。

---

[1] 「リスク科学」という題目は，松原純子：『リスク科学入門』，東京図書，1989 が初出と思われます。

第1章　リスク科学とは

　しかし，本書における「科学」の理解は，これとはやや違っています．第2章以降で明らかになるはずですが，「リスク」という言葉で語られるのは，基本的に将来の出来事であり，どんなことになるかよくわからないという意味が含まれています．つまり，「リスク」とは，不確定な将来を扱うものです．そのため，「リスク」に関わる知識や学問は本質的に実証できないものです．原因と結果が一対一で対応づけられ，原因となる事項が厳密に定められるのであれば，将来は「リスク」ではなくなってしまいます．その意味で「リスク」は，一般に考えられる「科学」とは相容れないところがあります．

　実は，「科学」という日本語は誤解に基づいて作られた言葉だともいえます．西欧から「science」が輸入されたとき，「科学」という訳語が発明されたのですが，本来知識を意味する言葉であった「science」を翻訳するにあたって，「科」に分かれた学問という訳語を発明したのは，当時の西欧においては有機的な知識体系ではなく，個々の分野に岐かれた個別知識群だったということに対応している，ということがいわれています[2]．

　第2章以降で学ぶように，さまざまな社会的問題がリスクという言葉で語られ，それらの問題に関して「リスク」の内容はお互いにかなり違っているように見えます．そこで，本書では，「リスク」という言葉で語られるいろいろな領域をとりあえず並べて，われわれが生きているこの世の中にどのようなリスクがあり，それらのリスクに対してどのようなマネジメントが試みられているのかをおおまかに見ていきます．それは，ちょうどわが国に「科学」が導入されたときの，多くの個別知識分野群という理解の仕方に似ています．そして，それが有機的に統一された体系に向かいたいというところも「科学」と似ています．本書の「リスク科学」には，そういう二重の意味を込めています．

1.2　なぜ，今リスクか

---

[2]　例えば，村上陽一郎：『科学・技術の二〇〇年をたどりなおす』，NTT出版，p.4，2008

1.2 なぜ，今リスクか

さて，次は「リスク」とは何かですが，それについては第2章で取り上げますので，ここではなぜ「リスク」という考え方が求められるようになったかという背景を考えます．

まず確認しておきたいことは，現在の日本は国民の平均寿命が80歳を越え，歴史的にも地理的にも最も安全な社会だといえるはずです．なのに，私たちは今まで以上に色々な不安を抱え，「安心・安全」を政治の目標としなければならなくなっているということです．

その理由の一つは，科学技術の進歩によって今まで想像もできなかったようなことが可能となり，また将来どんなことが起きるかが予想しづらくなってきたということがあります．しかも，その変化のスピードはますます加速しています．また，もう一つの理由として，豊かさの追求が一段落し，獲得したものを失わない守りの姿勢も重視されるようになったこともあるでしょう．

さらに，新自由主義と個人主義の普及ももう一つの背景にあります．個人の尊重は，それぞれに意思決定を求め，自己責任を追及することに繋がります．自由という状態は不安定で，不安を引き起こしがちです．また，従来なら，家族や地域社会といった共同体は個々人にとって一種の保護装置，安全装置であったのですが，その絆が崩壊してしまったことも原因として考えられます．

絶対的に正しい真実の存在に疑問を呈する相対主義の主張も，従来の社会的規範・秩序・価値観が通用しない世の中を導き出し，意思決定の拠り所を不安定なものにしています．政治的民主化，経済的発展と格差の解消，そして科学による真実の発見という従来の進歩観も行き詰まりを見せているようです．そして，社会が目指す目標を定める拠り所も怪しくなっています．

安全にはなっているはずなのだが，なぜだか安心できない，という世の中の気分なのでしょう．確かに第2章以降で見るように，私たちを不安にさせる状況はいろいろありますし，真剣に対策を考えるべきことがたくさんあります．

「リスク」という言葉が語られるさまざまな領域をとりあえず並べてみよう，この世の中にどのようなリスクがあり，それらに対してどのようなマネジメントが試みられているのかをおおまかに見てみようというのが，本書の意図で

第 1 章　リスク科学とは

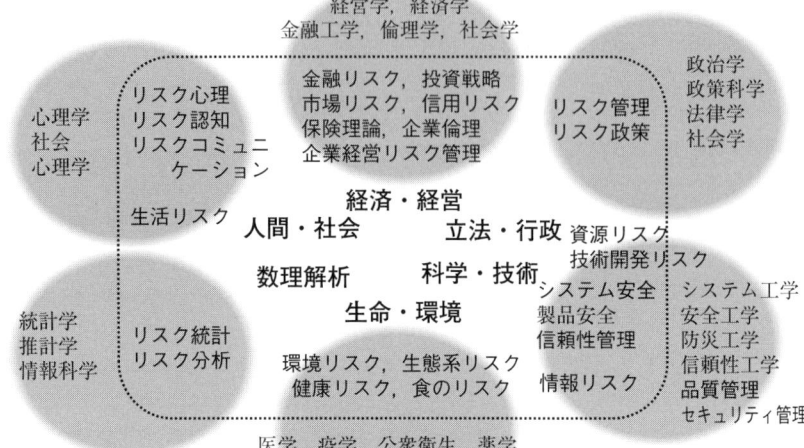

田辺和俊(2005)[3]をもとに柴田改編
図 1.1　リスク学の視程

す．本書では，第 2 章から第 14 章で，筆者らがそれぞれ専門とする分野で，どんなリスクがあるのか，なぜリスクという概念で捉える必要があるのか，リスクをどのように評価するのか，リスクをどのように処置するのかなどについて解説します．とりあえずは，個別の実態や方法として理解するのもよいでしょうが，そこから統一的な何かもつかんでほしいと思います．

図 1.1 に示すように，リスク学はさまざまな学問と関係しています．リスクを通じて，世の中の動き，人々の行動様式についての理解を深めることは，現代を生き抜くための実践的教養を身につけることになります．そして，不確実性の大きな状況での，個人，そして社会の意思決定のあり方について学んでほしいというのが筆者らの希望です．

3）　田辺和俊：『ゼロから学ぶリスク論』，日本評論社，p.213，2005

4

第 2 章

リスクとは何か
―「リスクマネジメント」の観点から―

> 本書のテーマの一つに「リスク」概念の理解があります．日頃から，新聞やテレビなどでこの表現を聞かない日がないほど一般的に使われていますが，実は深い意味があります．この章では，まず「リスク」の基本的な意味を知り，次にどのような種類の「リスク」があるかを概観します．そして，「リスク」の問題をなぜ考えていくのかについて述べます．

2.1 「リスク」という表現

「環境リスク」，「放射能のリスク」，「地震や津波のリスク」，「金融リスク」，最近ではテレビ，新聞，ネットなどのニュースで日常的に耳にするキーワードです．今では，ほとんどの人が「リスク」という言葉を普段の生活の中でも使うようになってきています．

周りの人々は，こんな風に使ったりもしています．「今日の講義をサボったら，演習問題を聞きそびれてしまって，下手をすると留年するリスクがありそう！」この例は，リスクとはできれば避けたい「いやなもの」となんとなく理解していることの現れなのかもしれません．

しかし，前述の「環境リスク」や「金融リスク」などの話題となる「リスク」とは，とても専門的な意味が含まれているかもしれません．この章では，「リスク」というものを包括的に，そして専門的に理解していくうえでの重要な点について述べたいと思います．

第2章 リスクとは何か ―「リスクマネジメント」の観点から―

2.1.1 「リスク」とは何か

「リスク」のことを少し専門的な視点から見ていきましょう．専門的な意味の中には，次のようなニュアンスが含まれるのが一般的です．

「起こってほしくないこと」，「起こってほしくないことが起こる可能性や状況」，または，「起こってほしくないこと自体」

起こってほしくないこと自体には，例えば，病気，地震，火災，交通事故，金融危機，テロや紛争などがあります．ここで，「リスク」のことをもう少し詳しく考えていきます．

まず，「リスク」という言葉の語源ですが，ラテン語のre-secāre（断ち切る，妨害するの意）であるといわれていますが，「海からそそり立った崖」を意味するフランス語やイタリア語の海事用語であったとする説もあります[1]．すなわち，船で崖が険しく切り立った場所を，危険を承知で航海していくことに由来するということです．しかし，そんな危険な場所をどうして昔の人は航海したのでしょうか．そこにあるものが危険だけであれば，ただの無謀な冒険です．しかし，人は，より大きなリターンを得るには，あえて危険を承知でチャレンジしないと，その向こうにある栄誉などの大きなリターンが得られないことを知っていたのです．座礁する心配がない既知の安全な場所だけを，天候のよい日だけに行き来していれば，危険はないはずです．誰もがそう思って安全な航海しかしなければ，新しい航路も開拓できず，未知の世界や，異国との取引による大成功も，想像もしなかった恵みも獲得できなかったのです．

2.1.2 現代における「リスク」概念

20世紀後半になってから，「リスク」についての研究や議論が経営管理，保険，経済学，危機管理などのさまざまな分野で行われるようになってきました．どの分野も，損失を避けたい，目的の実現を阻むものを排除したいという欲求から，リスクあるいはリスクマネジメントの概念を発達させてきました．

1） 辛島恵美子：『安全学索隠－安全の意味と組織』，八千代出版，pp.101-102，1993

その結果，さまざまな「リスク」という言葉の定義が生まれました．例えば，亀井の著書(亀井，2001)には，以下のようなさまざまなリスクの概念が紹介されています[2]．

> 事故，事故発生の不確実性[3]，事故発生の可能性，ハザードの結合，予想と結果との差異，不測事態，偶発事故，危機，危険状態，脅威，困苦

これらの共通点を探ってみると，多くに起こってほしくない事象自体，またはその影響，起きやすさがあるといえます．つまり，「リスク」という言葉に込められた概念に含まれる重要な点は，これから起こりえる望ましくない事態であって，それは可能性であって必ずそうなると決まったものではないということです．となると，起こるかもしれない望ましくない事態の程度も，それが起きる確率についても知識が不確かな状態で，どのような準備をしておけばよいかがリスクのマネジメントの課題になるといえます．

2.2　リスクの大きさの表し方

さまざまなリスクに対応しなければならなくなると，時間も能力も資金も限られた中では，取り組む優先順位を決める必要が出てきます．そうなると，リスクの深刻さ(重大さ)を比較する必要が出てきます．そこで，上記のリスクの概念を踏まえ，リスクの大きさは，損害の大きさと発生確率(または頻度)の兼ね合わせ，一般的にはそれらの掛け算で表し，定量化することになります．

$$(リスクの大きさ) = (発生確率または頻度) \times (影響の大きさ)$$

---

[2] その中で，亀井自身は「リスク」を「事故発生の可能性」とするのが一般的であるとしています．

[3] 不確実性の原因としては，そもそもの現象が自然の揺らぎなどの影響で本質的に予測不能であること，人間の計測(観察)能力の限界によって現状の把握にも誤差が避けられないこと，科学的な知識不足や現象の複雑さのためにその現象の本質が理解できていないことなどがあげられます．また，確率が定量的に評価できるものとできないものであったり，そもそも想定が不可能な未知の事象であったり，影響を受ける人々の間で影響の深刻さに関わる価値観のばらつきであったりすることもあります．不確実性はリスクを論じるときには重要な要素となります．

第2章 リスクとは何か ―「リスクマネジメント」の観点から―

ここで，確率や影響の大きさは定量的な数値であることが望ましいのですが，相対的に半定量的な指標で表すことも可能です．例えば，自転車の部品不良によってけがをする(危害)のリスクの算定表を**表2.1**に示します．この表を，FMEA[4]といいます．製品の構成部品ごとに，不良の発生頻度(使用中に不良が発生する可能性)と，もしその不良が発生した場合の最大の事故の大きさ(使用者のけがの大きさ)を分析して求め，それらの掛け算でリスクの大きさを算出する手法の一つです．このようなリスクの算定は，どの部品や構成要素にどれだけの不良の可能性があり，それに伴う危害のリスクの大きさを優先順位化するのに役立ちます．

ちなみにこの表では，自転車のフレームが強度不足で折れる頻度は1と小さいのですが，走行中にそのような不良が生じた場合に，影響度すなわち事故時の被害の大きさは5でとても大きいことがわかります．この頻度と影響度を掛けた値である $1 \times 5 = 5$ がリスクの大きさとなり，この表では最も大きなリス

表2.1　自転車のFMEA

部品	故障モード	原因	頻度[*1]	影響度[*2]	リスクの大きさ[*3]
フレーム	折れる・変形	強度不足	1	5	5
ハンドル	折れる・変形	強度不足	1	4	4
	回転不良	ベアリング不良	2	2	4
前輪	空気抜け	パンク	3	1	3
		ムシ不良	3	1	3
	変形	強度不足	1	4	4

* 1　ここでいう「頻度」は，発生頻度の大小を示し，1が最小(極めて稀)，5を最大(最も多頻度)を示す．
* 2　ここでいう「影響度」は，発生する故障モードの影響，すなわちけがなどの事故の大きさを示す．1が最小(軽微な支障)，5が最大(重傷にいたる重大なけがなど)を示す．
* 3　リスクの大きさは，「頻度」と「影響度」の掛け算で表す．

---

4) Failure Mode Effect Analysis の頭文字をとっており，日本語では「故障モード影響解析」といわれています．

クであることがわかります．だから，自転車の設計者は，このような大きなリスクを回避するために，フレームには十分な安全設計が必要であると判断するわけです．

2.3 リスクの種類

　上記で，リスクとは起こってほしくないことであり，その可能性や影響の大きさまたは状況のことと説明しました．また，そのリスクは，可能性（頻度や確率）と影響度のかけ算で表されることも説明しました．では，人はこのリスクに対して何ができるのでしょうか．事故や災害のリスクの大きさは，起こる可能性（発生頻度）や被る被害の大きさ（影響度）の掛け算で知ることができますが，そのことは何を意味しているのでしょうか．実は，リスクの大きさを事前に知り，想定しておくことができれば，影響を最小限度にとどめるための予防策が立てられるのです．つまり，リスクの存在を特定し，その大きさを推定し（このことを「リスクアセスメント」といいます），次にもし事故などが発生した場合に備えた予防対策を用意し，影響を最小限度にすること（このことを「リスク対策」といいます）が可能になるわけです．古代文明が，上流の大雨による大河の氾濫による洪水の時期や影響の大きさを知り，予防し，洪水に強い町づくりをしてきたのは，まさにこのようなリスクへの挑戦の一例なのです．

　では，リスクの大きさや特徴を知るには，まずどうすべきでしょうか．リスクとして語られる事柄の中には，洪水や火事のように人の命にかかわる危害を与えたり，株価や為替の変動による経済的な損害を与えたりするものが存在します．ここでは，リスクにはどんな種類のリスクが存在するのかについて述べます．なぜなら，リスクが議論される分野はあまりにも多岐にわたり，それぞれの分野におけるリスクの定義や区分方法が大きく異なるからです．以下に，代表的なリスクの種類や例を紹介します．

第 2 章　リスクとは何か　—「リスクマネジメント」の観点から—

① 自然災害のリスク
　地震，台風，森林火災，火山噴火，洪水，津波などの自然災害が含まれます．

② 金融のリスク
　後述の章で詳しく述べますが，さらに大きく市場リスク，投資リスク，信用リスクなどが含まれます．

③ 経営のリスク（会社リスク，事業リスクなどともいわれます）
　企業が事業を営んでいくうえで遭遇しているさまざまなリスクのことであり，会社自身が多大な損失を被ったり，最悪の場合は倒産してしまったりする原因となる事象や，その影響過程などが総合的に含まれます．企業によっては，リスクマネジメント部門を立ち上げて，専門家がさまざまなリスクを分析し，統合的にマネジメントするところも出てきました．
　経営リスクには，金融リスクやオペレーショナルリスクを含む考え方もありますが，ここでは，事業戦略リスク，組織経営のリスク，内部統制やマネジメントシステムの観点からの経営リスクを一括りにして表記します．

④ 環境のリスク
　人間活動が環境や生態系の変動を引き起こすリスクであり，具体的には，大気，水，土壌汚染のリスク，化学物質や有害物質による人の健康や生態系に与えるリスクなどが含まれます．森林伐採などの自然破壊を伴う企業や社会の活動などが原因となってもたらした環境の変化が，人々の生活に影響を及ぼすようになってきた側面もあります．

⑤ 施設の火災や爆発，交通システムなどの事故のリスク
　住宅や工場などの施設の火災や爆発，原子力発電所の事故，鉄道や航空

機などの交通システムの事故などが含まれます．

⑥　製品事故のリスク

　欠陥製品や危険な製品によって，消費者の身体への危害や財産に被害を及ぼす製品事故のリスクのことです．欠陥自動車による事故，FF石油暖房機やガスストーブなどの燃焼機器による火災や一酸化炭素中毒事故などが含まれます．特に欠陥製品による製品事故のリスクは，多額の損害賠償を伴うことがあることから，製造物責任リスクといわれます．

⑦　資源開発のリスク

　資源エネルギーの確保や流通が社会にもたらす影響のリスクであり，カントリーリスクやコマーシャルリスクとしても，近年重視されてきているリスクです．

⑧　IT・情報のリスク

　IT技術の進歩に伴い高度化する技術とともに複雑化，専門化，影響の甚大化を伴う情報セキュリティ上のリスクであり，ネットワークやシステムの問題としても扱われています．

⑨　病気・疾病のリスク

　人の健康に影響がある病気や疾病のリスクです．たばこによる発がん性のリスクの問題や，ペストやコレラのような感染症の問題などが含まれます．世界的に感染が広がり，多数の死者が出るような場合は特に「パンデミック（pandemic）」といい，近年ではトリインフルエンザやSARSなどの問題が記憶に新しい例です．

第 2 章 リスクとは何か —「リスクマネジメント」の観点から—

⑩ 労働災害のリスク

労働環境や，メンタル面を含む職場の安全管理上の問題となる労働者への影響に関するリスクです．炭鉱での落盤事故，建築現場での重機事故，機械産業現場での身体の一部が機械に巻き込まれたりする事故，アスベストなどの有害物質を扱う作業現場での健康被害の問題などが含まれます．

⑪ テロのリスク

テロリストによる爆弾テロ，サイバーテロ，9.11のような同時多発テロ，要人誘拐などの危機管理の側面を有するリスクです．

⑫ 法務のリスク

知らないうちに，または意図的に国内外の法令違反をおかしてしまうことによって生じる損害のリスクであり，契約や法的な手続き上の問題として派生する場合もあるリスクです．

⑬ 風評のリスク

マスコミやメディアを通して，もともと存在するまたは必要以上の大きさとなって企業や事業に信用上や経済上の被害を及ぼすリスクです．

⑭ 防犯のリスク

窃盗，暴力行為などの犯罪に巻き込まれて被害を受けるリスクです．警察や地域の防犯体制や，監視システムなどのあり方を考えます．

上記の他にも，多くのリスク研究者や実務者によってさまざまなリスクが語られ，また日々新しいリスクといえるものが現れてきています．

2.4 リスクの分類方法

　前節では，リスクにはさまざまな種類があることを述べました．しかし，どんな種類のリスクがあるかを知ったとしても，人はなかなか目の前のリスクがどのような特徴をもっているかを理解することができないかもしれません．ここでは，リスクをその特徴から分類する方法について解説します．この分類方法がわかってくると，そのリスクへの対処方法のヒントが得られます．

　① 　純粋リスク／投機的リスク[5]

　純粋リスク(pure risk)とは，自然災害，事故，訴訟による損害賠償のように損害や損失しか与えないリスクのことです．このリスクは loss only risk ともいわれ，当事者の意志に関係なく被るリスクです．純粋リスクの特徴としては，損害しか与えないことがわかっているため，その発生の可能性や被害の大きさがわかっていると，将来被るであろう損害の確率が予測でき，そのリスクに曝されている人々が共通にそのリスク軽減を図りたいと考えた場合，「保険」というシステムが成立するという特徴があります．

　投機的リスク(speculative risk)とは，新たな利益を目指して，新製品開発や新しい市場の開拓などを行うことで発生するリスクのことであり，成功してリターンを得る可能性と，失敗して損害を被る両側面があるリスクです．このリスクのことを loss or gain risk とも言います．このリスクは，一般に保険が成立しないという特徴があります．

　② 　受動リスク／能動リスク[6]

　受動リスク(passive risk)とは，リスクに対する方策の有無を問わず，ただ損害や損失を被るだけのリスクであり，「被るリスク」ともいわれます．地震や自然災害のリスクが該当します．

　能動リスク(active risk)とは，企業などがリスクを承知で新しい事業にチャ

---

[5] 　例えば，亀井利明，亀井克之：『リスクマネジメント総論(増補版)』，同文舘出版，p.20, 2009
[6] 　亀井利明，亀井克之：『リスクマネジメント総論(増補版)』，同文舘出版，p.22, 2009

レンジすることで発生するリスクのことであり,「挑戦するリスク」ともいわれます.海外進出に伴うリスクや,新しい事業を開拓する際に被る可能性のあるリスクなどが該当します.

このリスクの分類は,上述の①の純粋リスク/投機的リスクの分類と似ていますが,①が損失を中心として保険の可能性を議論する場合などに用いられるのに対し,この②は受け身のリスクであるか否かとの視点での分類であり,必ずしも保険による損失補填を議論する場合の分類方法ではありません.②は事業戦略を考える場合,どの事業戦略を選択するか,または一つの事業戦略の可否を議論する場合のリスクの大小の比較の場合などに用いられます.

③ 一般的リスク/個別的リスク[7]

この分類は,経営リスクの分野などで用いられる分類方法です.一般的リスク(general risk)とは,どの企業や会社組織にも共通して影響を及ぼすリスクです.例えば,基本的な法令違反や社会慣習,為替変動などの社会的・経済的なリスクが該当します.

個別的リスク(individual risk)とは,特定の企業や業種,または特定の組織の個人だけに影響を及ぼすリスクです.非常に専門的で特殊な技術下でしか発生しないリスクや,特殊な環境下でしか発生しない健康上のリスクの問題が該当し,一般的な方法では管理・軽減できないリスクが該当します.

なお,この分類方法は,必ずしも厳密に定義できるものではありませんが,リスク管理を行う者が組織の問題として組織的に取り組むか,個人的な問題として個人が個別に取り組むべきかのような考え方の分類方法です.

以上の他に,主観的リスク/客観的リスク,人的リスク/物的リスクなどの分類方法があります.

2.5 リスクの特徴

なぜリスクのことを専門的に勉強しなければならないか.それは,リスクと

---

7) 後藤和博:『リスクマネジメント入門』,中央大学出版社,p.15, 2000

2.5 リスクの特徴

いうものの理解が容易ではなく，いつも簡単でありかつ有効な対策が出てくるものではないからです．その理由として，田辺(2005)は，リスクには次のような特徴があるとしています[8]．

- リスクは変化する
- リスクは迅速化している
- リスクは巨大化している
- リスクは国際化している
- リスクは社会化している
- リスクは繰り返す
- リスクは隠れている

上記のことをいくつかの側面から説明すると，次のようになります．

まず，リスクが変化し，迅速化し，巨大化する側面についてです．現代社会では，技術，特にIT産業の発展がめざましく，目に見えない多くの情報がネットワーク上を飛び交い，あらゆる分野にコンピュータを利用した自動制御による精密な管理がなされるようになってきています．しかし，同時に情報およびネットワーク管理上の重要性が拡大し，セキュリティを維持するための技術が追いつかなければ，社会のリスクは管理できなくなってもきています．

加えて，さまざまな新しいニーズとそれに対応する技術が先を争うように発展し，利用者の理解を超えた製品の開発がなされるという側面も現れ，そこに予想できなかった製品の問題が，世界的なリコールのように巨大なリスクとして顕在化してきています．

次に，リスクが国際化し，社会化している側面についてです．市場も社会も急激なグローバル化によって，より近く，かつより早いつながりを要求してくるようになってきており，他国の問題が即自国の問題として社会問題化する時代ともなってきています．自動車の欠陥問題も，現代のように市場がグローバル化してくると，他国で発生した問題は，すべての国々での問題となり，個別

---

8) 田辺和俊：『ゼロから学ぶリスク論』，日本評論社，pp.17-20, 2005

事故の賠償問題から予防のための世界的なリコール問題へと拡大してきています．

さらに，テロなどの危機の問題も後を絶たず，次にいつどこで暴動や紛争が起きるかを考えていかなければならなくなってきています．それに追い打ちをかけるように，金融危機の問題が，一国のみならずグローバルなレベルで世界市場に不安を投げかけ，リーマンショックなどの金融恐慌や急激な円高などの為替変動リスクの産業への影響など，不安要素が世界中を駆け回る時代となってきています．

そして，リスクは繰り返す・または隠れているという側面です．2005年4月に起きたJR西日本の福知山線の事故は，100以上の死者が出ました．実は，1991年にもJR西日本の列車が衝突して40人以上の死傷者が出た事故が発生していたのです．鉄道の事故は，一度発生すると多くの人命が奪われることとなり，二度と繰り返してはならないと教訓を与えてくれますが，それにもかかわらず再び発生してしまうことがあります．また，事故のリスクに着目し，発生原因がわかっていたとしても，事故の発生を予防できない場合もあります．機械的に十分な安全装置を装備していたとしても，操作する人のちょっとしたうっかりが大きな事故の原因になってしまうようなケースがそれに該当します．また，類似の事故が繰り返されて，初めて未知の原因の存在が明らかになることもあるのです．

以上のように，リスクには，さまざまな難しい特徴があるのですが，事故や災害のようにできるだけ発生の可能性や被害の大きさを軽減したいものです．

ここで，リスクが，繰り返し，変化し，拡大し，巨大化し，国際化している具体的な例として，原子力発電所の事故のリスクについて見ていきます．

表2.2は，原子力発電所の事故を示すものです[9]．安全が最優先されるべき原子力発電も，1979年の米国スリーマイルアイランドの事故以降も，1986年にソビエト連邦(現ウクライナ)のチェルノブイリ原子力発電所で事故が発生し

---

9) 田辺和俊：『ゼロから学ぶリスク論』，日本評論社，p.37，2005

2.5 リスクの特徴

表2.2 原子力発電所の事故

- 1979　米国スリーマイルアイランドで炉心溶解事故
- 1986　ウクライナのチェルノブイリ原発炉心溶解事故
- 1989　東京電力福島発電所でポンプの軸受け破損
- 1991　関西電力美浜原発で蒸気漏れ、緊急炉心冷却装置が作動
- 1993　東京電力福島発電所で蒸気噴出，作業員1名が死亡
- 1995　もんじゅ　ナトリウム漏れ
- 1999　関西電力美浜原発でデータ改ざん
- 1999　JCO東海事業所で臨界事故　2名死亡
  　　　数百人が被曝，避難
- 2004　関西電力美浜原発で蒸気漏れ事故　4名死亡
- 2007　東京電力柏崎原発が震度6強の地震により緊急停止、変圧機からの発煙
- 2011　東日本大震災による津波の影響で東京電力福島第一原子力発電所の爆発と一連の放射能漏れ

田辺(2005)を越山が加筆修正

ています．日本においても1999年の臨界事故を初めとし，事故が繰り返し報告されていました．2011年の東日本大震災の津波の影響による一連の東京電力福島第一原子力発電所の水素爆発—放射性物質漏れ事故は，予想を超えた巨大な津波が原因でした．さらに，放射能の影響が福島県を超えて各地に広がり，学校や幼稚園での教育環境や農作物などにも影響し，さらには住民の生活環境や地域の汚染問題として国家規模の賠償問題へと拡大しました．

　確かに，2007年に発生した新潟県中越沖地震による柏崎原子力発電所への影響は想定していた範囲内の被害で済みました．しかし，東日本大震災による福島第一原子力発電所の事故は，想定を超えた大きさの地震によって発生しました．この事故の問題は，地震の問題から津波の問題となり，さらに放射性物質漏れの問題，そして土壌や農作物，教育，電力問題などに次々に変化し，拡大しています．日本の他の地域で稼働中の原子力発電所の継続利用にも影響を与えただけではなく，今後の日本における原子力発電の利用についても問題を投げかけています．さらに，欧州では2011年6月に行われたイタリアにおける原子力発電の再稼働に対する国民投票において，継続利用は否決されていま

第2章　リスクとは何か　―「リスクマネジメント」の観点から―

す．

　原子力発電所の事故は誰もが恐ろしいものと感じていると思います．しかし，事故はさまざまな形で繰り返してきており，その時点でできる限りの安全対策をしてきたはずなのに，被害は大きなものとなり，世界的なレベルでも原子力発電所の是非が問われる問題へと波及してきました．

2.6　紛らわしい関連用語「ハザード」

　ここで注意しなければならないのは，「リスク」の概念を理解するうえで紛らわしい言葉があるということです．その代表的な言葉が「ハザード（hazard）」です．

　ハザードは「危害の潜在的な源（発生源や性質）」のことです．すなわち，リスクのもとになる危険の源泉または原因のことであり，場合によってはその危険の性質（やけどや爆発など）のことです．例えば，図2.1 に示すように，ライオンがいて，噛まれる可能性がある人がいたとします．人は当然ライオンに噛まれてけがをするリスクを負っています．この場合のハザードは，噛んでけがをさせる<u>ライオンそのもの</u>になります．このような条件では，当然のことながら，噛まれるリスク（可能性やけがの程度）を減らさなければなりません．簡単な方法はフェンスを作ったりすることです．そうすることで，噛まれるリスク

図2.1　ライオンというハザードと，噛まれるというリスク

2.6　紛らわしい関連用語「ハザード」

が減少します．しかし，ハザードであるライオンの存在はなくならないのです．すなわち，噛まれる可能性やけがの大きさを減らすというリスクのコントロールは可能となりますが，ハザード自体は存在し続けるということです．

　また上記で，ハザードとは「危険の潜在的な源(発生源または性質)」と説明しました．この「性質」とは，やけどや爆発などの危険の性質のことになります．具体的には，感電のハザード，感染のハザード，バイオハザード(生物学的なハザード)のようないい方で表現されます．このような場合も，それらのハザードに曝されている人が，実際に受ける危害の大きさや頻度をどのように減らすかを考えていくことになります．すなわち，ハザードを特定しないとリスクをどう減らしていくべきかがわからないため，ハザードの概念は無視できないということになります．

演習問題

　リスクは，できるだけ減らすよう対策を講じなければいけません．そのためには，まず対象となるリスクの特徴を的確に捉えることが望まれます．そのための方法として，目の前のリスクが，リスク分類のどれにあたるものかを考えてみましょう．

　以下のリスクは，純粋リスク・投機的リスク，または受動リスク・能動リスクのどれに分類されるでしょうか，考えてみてください．

① たばこによる発がんリスク
② 竜巻のリスク
③ 野球の試合中にデッドボールに遭うリスク
④ カントリーリスク
⑤ コンピュータのウイルス感染リスク
⑥ 自社工場からの汚水による河川への環境汚染リスク

もっと勉強したい人のための参考文献

　リスクのことをもっと勉強したい人には，以下の本がお勧めです．①は，リ

第2章 リスクとは何か —「リスクマネジメント」の観点から—

スクというものへの人類の挑戦の歴史が詳細に書かれており，どのような分野ではどのようにリスクを捉えてきて，さらにその発展経過などもおもしろく書かれています．単行本にもなっています．

① ピーター・バーンスタイン著，青山謙訳：『リスク 神々への反逆』，日本経済新聞社，1998

また，リスクマネジメントの勉強には，「リスク評価」，「リスクの特定」，「リスク・アセスメント」，「リスク・コントロール」など，「リスク○○」のような類似した用語があるため，さまざまな関連用語を理解する必要があります．以下の用語辞典をそばに置いておいてもよいでしょう．

② 亀井利明監修，上田和勇，亀井克之編著：『基本 リスクマネジメント用語辞典』，同文舘出版，2004

第 3 章

製品のリスク

> 本章では，製品事故のリスクについて取り上げます．ここでは，まず「安全」という概念を整理します．そのうえで，製品の安全を考えた設計の重要性について，事故防止の観点から，そして企業の製品開発上の責任の観点から紹介します．特に，近年では欠陥製品による事故が多発していることもあり，企業の製造物責任に対する意識が非常に高まっていることもこのリスクについて取り上げる背景にあります．

3.1 身の回りの製品（消費者用製品）とは

本章では，代表的なリスクの具体例として「製品」，特にみなさんの身の回りの製品による事故リスクについて概観します．

まず，身の回りの製品は，一般に「消費者用製品」などといわれています．このいい方は，会社や専門家が事業などに用いる専門的な用器具と区分するためのものです．なぜなら，工場で使う機械や，医療従事者が用いる医療用器具は，それらを使用するためには専門的な教育を必要とし，場合によっては購入したり使用したりする際に特別の許可が必要になったり，責任が伴ったりするからです．

では，このような身の回りの製品は，どのように捉えておいた方がいいのでしょうか．次のような特徴があります．

① 製品の購入時に特別の専門知識がいらず，自由に消費者が選択できる．（自由選択）
② 製品の使用にあたっても，使用方法や取扱い上の注意を専門家から指導や教育を受けることがほとんどない．（使用の自己責任）
③ 購入者イコール使用者とは限らない．例えば，家族の誰かが購入し，子

第 3 章　製品のリスク

どもに使用させたりすることがある．この場合，購入時に提供される情報や注意は使用者には伝わらないことがある．(注意情報の伝達性)

④　購入条件(贈与や貸与なども含まれる)によらず，使用者には，乳幼児，高齢者，障害や何らかのハンディキャップを有する人，言葉がわからない外国人など，配慮が必要な人の使用がごく普通に存在する．(使用者の多様性)

⑤　製品の製造業者から購入することは稀であり，ほとんどの場合は販売店からとなる．さらに，近年ではネット販売，レンタル，中古品，直輸入などのさまざまな販売チャンネルが存在する．(入手ルートの多様化)

⑥　製品の機能が多様化，高技術化，複雑化している．(進歩的な機能)

⑦　マーケット，商品の流通，行政・規制などを含む環境の変化が早く，また，グローバル化しているため，一般の消費者には環境の変化や状況が判断できない．(製品環境の複雑性)

では，これらの特徴を有する身の回りの製品の事故の発生状況はどうでしょうか．図 3.1 が製品事故などの公共機関への相談・報告件数の推移です．この

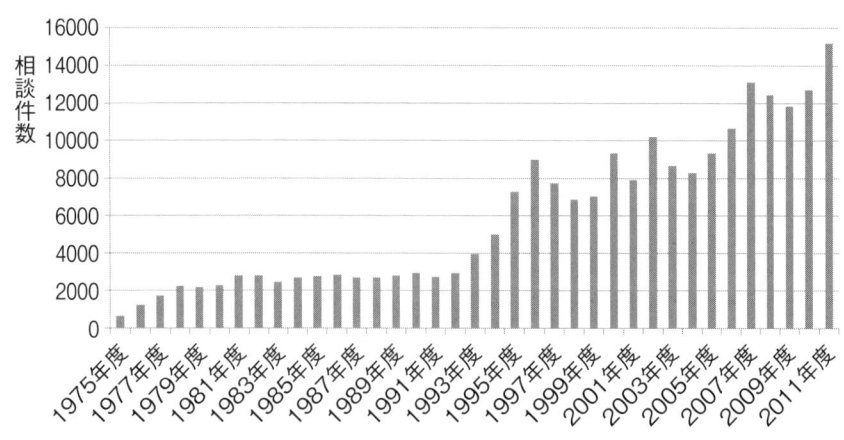

出典：国民生活センター：『消費生活年報』，報道発表資料「2010 年の PIO-NET の危害・危険情報と医療機関ネットワークの情報の概要」などから筆者が作図

図 3.1　国民生活センター危害・危険情報収集件数の推移

22

図で見ると，1994年あたりまでは相談件数が横ばいでしたが，1995年以降は上昇傾向にあることがわかります．その理由の一つに，1995年7月に施行された製造物責任法の影響があげられます．この法律は，製品の欠陥に基づく賠償責任を大きく変革した法律です．今までほとんど泣き寝入り状態であった製品事故賠償裁判に画期的な変化を与えたものでした[1]．

3.2 製品事故リスクの実状

表3.1は，重大製品事故の発生状況です．この表は，2007年以降のものですが，実は2006年に消費生活用製品安全法という法律が改正され，それ以降，重大な製品事故が発生したら，その原因が欠陥によるものかどうかが判明していなくても，その事実を聞いてから10日以内に国に報告しなければならなくなりました．そのおかげで，それまで公にならなかった死亡や重大な危害を伴う製品事故の実状が明らかになったのです．

表3.1で見ると，毎年50人以上の人が製品事故で亡くなっており，200人以上が重傷を負う危害を受けています．なお，製品別では，死亡事故の約2/3がガス石油機器と電気製品によるものであり，その約半数が火災に伴うものでした[2]．

表3.1 重大製品事故での死亡，重傷等の件数（累積件数）

	～2008年2月	～2009年3月	～2010年3月	～2011年5月	～2012年5月
死亡	53	131	178	236	296
重傷	208	485	701	962	1,181
火災	757	1,944	2,838	3,809	4,715
CO中毒	15	33	45	51	53
後遺障害	3	9	12	12	13
計	1,036	2,602	3,774	5,070	6,258

出典：経済産業省製品事故判定第三者委員会資料より筆者が作成

---

1) 製造物責任法については，この章の後段で詳しく述べます．

第 3 章　製品のリスク

　表 3.2 は，必ずしも重大事故とはいえない軽微な製品事故を含んだ集計表です[3]．この表では，製品区分を詳細に分類していますが，やはり電気製品や，ガス・石油などの燃焼器具に関するものが毎年多く報告されていることがわかります．なお，総計の比較では毎年の事故報告件数が減少しているように見えますが，2007 年度に身の回り品が多かったのは特定のデスクマットによる皮膚障害の報告が約 1,000 件報告されたためです．また，表 3.1 と比較すると，毎年 50 人以上の死亡事故がある背景には，4,000 件前後の軽微な事故があることがわかります．さらに，これを電気製品，燃焼器具に限定して見ると，毎年約 50 人の死亡事故のかげに 3,000 件以上の軽微な事故報告があるとも見るこ

表 3.2　製品区分別事故報告状況

(件数)

	2007 年度	2008 年度	2009 年度	2010 年度	2011 年度
家庭用電気製品	2,382	2,303	2,100	2,381	2,045
台所・食卓用品	117	137	160	78	51
燃焼器具	1,394	944	716	699	480
家具・住宅用品	279	326	219	402	234
乗物・乗物用品	153	167	169	242	126
身の回り品	1,252	420	229	198	138
保健衛生用品	119	29	120	60	18
レジャー用品	108	108	82	96	63
乳幼児用品	130	128	82	88	21
繊維製品	13	28	35	25	19
その他	2	0	0	0	0
計	5,949	4,590	3,912	4,267	3,195

＊この表は，重大製品事故に限定しない製品事故報告の集計分析結果である．
出典：以下から，筆者が作成
　　　製品評価技術基盤機構：「生活安全ジャーナル」, Vol.10, p.29, 2010 より筆者が作表
　　　製品評価技術基盤機構：「生活安全ジャーナル」, Vol.13, p.39, 2012 より筆者が作表

2） 経済産業省 HP：「製品安全ガイド；製品事故判定第三者委員会　配付資料（平成 19～23 年）」http://www.meti.go.jp/product_safety/policy/daisanshaiinkai.html（2011.8.30 参照）

3） 製品評価技術基盤機構：「生活安全ジャーナル」, Vol.10, p.29, 2010

3.3　安全と事故のリスクの関係

　身の回りの製品には，使用者の生命や身体へ危害を及ぼす可能性，すなわちリスクがあることがわかってきました．しかし，一般消費者は普段使っている製品に事故を引き起こすリスクが存在すると意識しているとは限りません．また，このリスクは，裏を返せば製品を製造・供給する側にとっては，訴訟や販売停止などの行政命令を受けたり，あるいは莫大なリコール費用を要することになったり，ブランドや企業の存続にまで影響を及ぼす風評を招くリスクであるともいえます．みなさんは，どちらの視点で製品事故のリスクを見ているでしょうか．このように，消費者や使用者に害を与えると同時に，そのことで製品の供給元であるメーカ側にも損害やダメージを与えるリスクを，その両面性から「加害リスク」ともいいます[4]．

　製品を使用する側も，メーカ・供給者側も，まさかそれが製品事故を引き起こす製品と考えているわけではありません．しかし，現実には一定の割合で製品には欠陥や不良が発生しており，また予想できなかった事故が発生したりする可能性はゼロではないのが現実です．では，消費者側とメーカ・供給者側の両者が普通に期待する事故のない製品とは，すなわち「安全」な製品とはどのようなものかを考えてみましょう．

　まず「リスク」という概念と「安全」の概念について少し考えてみたいと思います．

　みなさんが辞書で「安全」をひくと，「安らかで危険のないこと．…（『広辞苑』，岩波書店）」と出てくると思います．しかし，これは，リスクの勉強を志す人ならおわかりのように，あまり科学的ではなく，「危険がない」という状態を認めることになってしまいます．

　「安全」の説明には，以下のような専門的なものがあります．

---

[4]　亀井利明：『危機管理とリスクマネジメント（改訂増補版）』，同文舘出版，p.34，2001

「受容できないリスクがないこと(ISO Guide 51)[5].」
「リスクが許容されると判断される場合,それが安全である(Lowrance)[6].」

いずれもリスクがないこととはせず,"受容できない"または"許容できない"リスクがないこととしています.一貫して述べているのは,リスクがゼロになることはないということと,リスクには大小があって一定の水準以上でのリスクの許容性が焦点になっている点です.ここで問題となるのが,どこまでが許容でき,どこからが許容できないかを誰が判断するかです.みなさんは誰だと思いますか? ○○大臣? お医者さん? 製品事故リスクの場合は消費者庁や経済産業省のような行政機関? それとも,消費者自身? はたまた製品のメーカや設計者でしょうか?

実は,リスクの許容性の判断には一定の基準というものがないといえます.ある場合は社会的なコンセンサスという場合もあるでしょうし,ある場合は裁判で危険性を認めた判例であったり,ある場合は経済産業省などの行政機関が定めた個別製品の安全基準であったり,ある場合は業界が集まって定めた業界基準であったり,そしてまったくの新製品である場合はメーカが自己責任で判断する場合があるのかもしれません.確かに絶対に事故がないリスクゼロの製品はないのですから,試行錯誤で作った製品で過去20年間1回も事故がなければ「安全」と考えてしまう場合もあるかもしれません.しかし,明日初めて事故を起こすかもしれないのが,製品事故の実状なのです.

3.4 製品事故のリスクを減らすには

では,製品事故のリスクを減らすにはどうすればいいでしょうか.リスクの大きさは,次の式で表すことができることを第2章で学びました.

---

[5] ISO/IEC Guide 51, *Guidelines for the inclusion of safety aspects in standards*, International Organization for Standardization, Geneva, 1990
[6] William W. Lowrance, *Of Acceptable Risk*, William Kaufmann Inc., p.95, 1976

(リスクの大きさ) = (発生確率または頻度) × (影響の大きさ)

　ここで,「発生確率または頻度」は,欠陥などの理由による製品事故の発生確率です.具体的には,製造または出荷した製品に占める事故の発生確率と定義したり,その製品のライフサイクル中に製品事故が発生する頻度と定義したりして定量化します.定量化することで,リスクの大きさを小さくする目安ができるのです.なお,定量化にあたっては,1個の製品を実際にはどれだけの年数や回数使用するか,何人の人が使用するか,使用されている時間はどれだけか,使用環境や季節によって使われ方が違うかなども考慮していくことで,より正確に(発生確率または頻度)を定めることができます.

　もう一つのリスク要因である「影響の大きさ」とは何でしょうか.これは,事故が起こった場合に生じる被害の大きさに相当します.通常は,けがの重篤度(軽傷から死亡までの人への危害の程度)で表されます.しかし,近年では,事故の再発防止の問題が重視されており,製品が回収されるまでに同様の事故を何件防止できるかとの視点もあります.さらには,製品事故の被害は,人だけではなく,火災や爆発によって,消費者の財産に損害を与える場合もあります.すなわち,影響の大きさとは,人への危害の程度や被害者数,財産を含んだ被害,またはそれらを経済的な尺度である損失の大きさに換算してもいいかもしれません.

3.5　製品事故の例

　ここで,いくつかの製品事故や危害の例を見てみましょう.

事例1:レーザーポインターのケース

　講演会や大学の講義で使われるレーザーポインターは,光の強さ(出力)が大き過ぎると誤って人の目にレーザーが当たった際に失明などの重大な危害を引き起こします.レーザーポインターの中には,出力が異常に高い物があったこともあり,国内外では,子どもを含めて,面白半分で人に照射したり,故意に運動選手などの目に照射するなど,犯罪まがいのことに使用されたりしまし

第3章 製品のリスク

図3.2 レーザーポインターの光は目に害を与えるリスクが存在
－光の強さを抑えれば，目への害を減らすことができる－

た．そのため，出力の大きさの上限が安全基準[7]で定められました．これで，仮に誤って目に入った場合であっても，失明などの重大な危害とならないよう，影響を軽減しているのです．

事例2：野球用ヘルメットのケース

野球では，ピッチャーが投げたボールが打者に当たるデッドボールが起こります．硬式野球で，剛速球を投げるピッチャーが打者の頭にボールをぶつけてしまうこともあり，重篤な場合には頭蓋骨骨折で死亡することもありました．そこで，打者は最も重大な頭部への危害を防止するためにヘルメットを着用することが野球規則で定められました．

しかし，何でもいいからヘルメットを着用すればいいというものではありません．重大な事故にならないように，衝撃を適切に緩和できるヘルメットでなければなりません．そこで，野球用のヘルメットは，最も速いとされる投球速度で実際にヘルメットに硬式野球ボールを衝突させ，本当に衝撃が一定水準以上緩和していることを確かめるという安全基準や検査制度ができました[8]．ちなみに，硬式野球は硬式野球用のヘルメット，軟式野球は軟式野球用のヘル

---

[7] 消費生活用製品安全法に基づく経済産業省関係特定製品の技術上の基準等に関する省令施行令　別表第一,「携帯用レーザー応用装置の技術上の基準」, 2001
[8] 『野球用ヘルメットの認定基準及び基準確認方法』, 製品安全協会, 1996

図 3.3　野球のヘルメットはデッドボール時の頭への衝撃を緩和します

メットがあります．また，キャッチャー用のヘルメットや打撃投手が着用するヘルメットの安全基準も設定されています[9]．

3.6　製品事故のリスクを減らすための基本原則

　製品事故のリスクを減らし，製品を安全な水準にするための基本原則について示します．

　まず，使用者がその製品を通常どのように使用するかをよく考えて設計する必要があります．この使用方法の定義を専門的には「意図する使用（intended use）」といいます．そのうえで，誤った使用について考えます．すなわち，人はいつも意図する正常な使い方をするとは限らないからです．不注意の場合もあるでしょうし，予想していなかった使用環境の変化があったり（気温や暴風雨などの天候），たまたま目を離した隙に使うべきでない幼児が操作してしまったり，耐用年数を過ぎているのに気がつかないで使用してしまったり，と

---

[9]　それぞれの用途別に以下のヘルメットの安全基準が定められています．
　『軟式野球及びソフトボール用ヘルメットの認定基準及び基準確認方法』，製品安全協会，1986
　『野球及びソフトボール用捕手ヘルメットの認定基準及び基準確認方法』，製品安全協会，1990
　『野球投手用ヘッドギアの認定基準及び基準確認方法』，製品安全協会，1998

いうことが考えられます．これらのさまざまな通常考えられる「使用環境」を考慮します．これらの使用状況は，正常な使用方法や期待される環境下での使用ではないかもしれませんが，想定されうる使用場面として考慮する必要があります．このような使用を「合理的に予見される誤使用(reasonably foreseeable misuse)」といいます．このあたりまでは，製品の安全設計上は配慮すべき領域となります．これらは，設計者が必ずしも意図しない使用ではありますが，設計上配慮することで，事故の発生可能性を減らすことができます．もちろん，すべての使用状況を事前に予測することは困難であり，すべての誤使用を回避する設計はできません．しかし，設計者やメーカが，この誤使用領域をどこまで考慮するかが重要な基本姿勢になります．できる限りリスクを低減する努力が必要になるということです．

　具体例として，前述の野球用ヘルメットがあります．野球用ヘルメットは，打者が頭部にデットボールを受けた際に頭部への衝撃を緩和するための用具です．しかし，実際には，走者で塁に出た際にもそのヘルメットを着用するようルールブックで決められています．そのため，ファーストやセカンドを守っている敵チームの選手と走塁中に衝突した際に硬いヘルメットで相手にけがをさせないことも配慮するべきということです．角が尖った形状は，その場合危険です．だから，ヘルメットの外観は丸まった構造でないといけないと安全基準で定めています．また，野球の選手は，空振りなどの際に，興奮してヘルメットを投げつけたり，チームで購入する用具のため個人用の用具のように大事にしなかったりすることも，十分考えられます．ヘルメットは投げつけられたりすると，当然衝撃の緩和能力が低下します(内側の発砲スチロールが潰れるため)．また，ちゃんと点検したり，メンテナンスしなかったりすると，同様に緩和能力が維持できません．そのようなことまで，メーカは配慮しなければならないのでしょうか？　実は，当然そのような使用状況が想定されるため，配慮させているのです．性能の低下を調べ，耐用年数を３年と決め，製品に表示してありますし，メンテナンスする場合の注意事項も書いてあるのです．このように，意図する使用以外に，合理的に予見される誤使用もできるだけ配慮し

ながら，メーカは安全な製品を作り，供給しています．

3.7 製造物責任リスク

　製品事故のリスクは，加害リスクであると前に述べました．このことは，使用者に危害を及ぼすと同時に，製品を供給するメーカ側も賠償責任や欠陥対策という多大のコスト負担という経済的損失のリスクが発生することを意味します．当然のことながら，メーカ側も欠陥がある製品を作って，事故を引き起こすのは望んでいません．そこで問題となるのが，製品事故の原因が本質的な欠陥なのか，使用環境による不可避な問題であるのか，すなわち責任はどこにあるのかをはっきりさせなければならないということです．そこで，この責任問題の白黒をはっきりさせる仕組みの一つに，法的な責任議論があります．ここでは，この製品事故に対する責任，すなわち「製造物責任」のリスクについて考えてみます．

　本章の冒頭でも紹介しましたが，製品事故関連の相談件数は 1995 年以降増加しています．実はそれまでの製品に対するメーカ責任は，契約を基礎としたものであり，事故が発生してもその原因がメーカ側の過失であることを被害者である消費者側が証明できなければ，損害賠償がなされませんでした．このことを「過失責任」といいました．

　この過失責任は，米国における契約中心的な考え方，すなわち，契約行為がなければ，責任問題は発生しないとの考え方です．メーカは販売店との間には契約関係がありますが，その契約関係は一般消費者との間の契約関係ではありません．一般の消費者は，販売店から製品を購入する際には，パッケージの商品表示情報だけで製品を選択します．そこには，当然のことながら，「〇〇のような用途の製品です」とは書いてありますが，「メーカまたは販売店は〇〇の場合までは保証します」などのような表示はなかったわけです．また，消費者が細かく製品の原材料や作り方や保証条件までを契約書で指定して，メーカ特注品を購入するケースは稀です．そのような一般的な消費者の製品購入環境下では，事故の事実ではなく，問題がある部品の選択や製造工程上の問題まで

さかのぼってメーカの過失を被害者側が証明するのは困難です．なぜなら，メーカが「そのような作り方をしたら，事故が起こってけがをさせるとわかって作りました」ということを自分からいう訳はないからです．このような過失責任の法理の世界では，消費者がいくら製品事故に遭遇しても，メーカの設計や製造上の問題を指摘することが困難なため，損害賠償が認められず，泣き寝入りという世界でした．

このような責任体制の中，米国では1963年のカリフォルニア州最高裁判所で，妻が買った工具で夫が傷害を負った事故(グリーンマン vs. ユバパワープロダクツ事件)に対する判決で画期的な判断が示されました[10]．それは，原告(被害者)側が被告(メーカ)側の過失を証明しなくても，けがの原因になった欠陥が存在するのは事実であり，メーカはそのような製品を供給した責任があるというものでした．欠陥がある製造物に対するメーカ側の責任は，過失の立証の有無を問わないというものです．この判決の考え方が「無過失責任」または「厳格責任」といわれるものです．すなわち，製品事故の原因がメーカ側に過失があろうがなかろうが，現に目の前に欠陥がある製品が存在すれば，その製品に対する製造上の責任はメーカ側にあり，被害者に対して損害賠償をすべきというものです．この考え方を賠償責任の新しい法制度としたものが「製造物責任法」であり，1985年には欧州におけるEU指令[11]のもと，欧州一帯に製造物責任法が制定され，日本においても1994年に製造物責任法が制定され，翌年から施行されました．

3.8 欠陥概念について

日本においても制定された製造物責任法ですが，基本的な法理は，製品の欠

---

[10] Hammer, Willie, *Product Safety Management and Engineering, 2nd Edition*, ASSE, pp.10-11, 1993

[11] EU Council Directive 85/374/EEC of 25 July 1985 on the Approximation of the Laws, Regulations and Administrative Provisions of the Member States Concerning Liability for Defective Products, *Official Journal of the European Communities*, No.210, 1985.8.7

陥に基づく事故における賠償責任はメーカにあるというものです．では「欠陥」とは何でしょう．簡単にいうと普通に使っていて，爆発したり，急に壊れたりして，使用者がけがをするような製品の問題ですが，これを法律的にいうと「通常有すべき安全性を欠いている」状態といいます．さらに具体的にいうと，次のものが含まれます．

- 設計上の欠陥
- 製造上の欠陥
- 表示上の欠陥

　設計上の欠陥とは，製品が意図している機能や用途を果たすための設計上の問題のことであり，構造自体が危険な場合や，材料や部品が所定の機能を果たすことがそもそも無理な設計の場合のことをいいます．普通に腰掛けると壊れてしまう椅子の強度，幼児が普通に指を入れてしまいそうな危険箇所がある構造，想定内の温度に耐えられない材料や不適切な部品を図面で指示している場合などが含まれます．

　製造上の欠陥とは，製造工程中のミスによるものです．製造中のねじ締めが甘く，使用中に容易に緩んでしまったり，材料の納入ミスで異なった材料を使ってしまったり，製造中に異物が入ってしまった食品などがあります．

　表示上の欠陥とは，必要な警告情報や注意書きが書かれていなかったり，不十分な情報しか表示されていなかったりすることによって，使用者が誤って事故を引き起こしてしまったりする場合のことです．米国では，濡れた猫を乾かそうと電子レンジに入れ，死んでしまったとして裁判になり，結局必要な注意書きが書かれていなかったとして表示の欠陥とされたとか．この事例は本当にあったものかどうかは定かではありませんが，よく聞くたとえ話です．

3.9　製品事故のリスクについて

　本章では，製品事故の問題を，使用する消費者がけがをする側面，および，製品を供給する側の欠陥賠償などの責任のリスクの側面から紹介しました．リスクとは，起こって欲しくないことであり，その可能性や状態，または影響の

第3章 製品のリスク

大きさをいいます．この定義から，最後にもう一度製品事故のリスクについて考えてみましょう．まず，製品事故の発生可能性や影響を減らすために，事前のリスクアセスメント，すなわち，どのくらいリスクが存在し，事故になった場合最大どれだけの被害が生じるかを算定します．例えば，1万台に1個の可能性で不良品が発生することがわかり，もしその製品を使ったら最大でどのくらい被害が生じるかを算定します．このことは，自社の製品製造能力や，過去の製品事故の発生状況などからだいたいは推定できます．しかし，第2章でも述べましたが，リスクとは，隠れていたり，変化したり，製品市場のグローバル化によって巨大化したりします．メーカ側の被害も大変大きなものとなってきています．トヨタ[12]やフォード[13]が国境を越えた欠陥・リコール問題を経験していますが，そのような欠陥を引き起こすリスクはあらかじめ想定できなかったところに難しさがあるのです．

演習問題

　製品事故の防止は，メーカとしても賠償費用や製品の改良の手間などを考えると避けたいものです．そのためには，まず欠陥を出さないものづくりが最優先です．では，製品を開発する側になったと仮定して，現実の例から欠陥の概念を考えてみましょう．

　以下の事例は実際の製品事故の裁判になったものを参考にしています．裁判では欠陥と判断されたでしょうか．また，どこが欠陥と判断されたでしょうか．考えてみて下さい．欠陥とは，通常有すべき安全性を欠いているものであり，設計・製造・表示上の欠陥があります．

---

[12] 2007年に米国で，トヨタのレクサスなどでアクセルペダルの戻りが悪いとのクレームがあり，また，その後もフロアマットが引っかかって急加速する恐れがあるなどのクレームが発生して，2010年までに全米や日本など国際的な規模でリコールが行われ，豊田章男社長が米国議会に召還され，謝罪した．

[13] 2000年にフォード社のSUV車エクスプローラのタイヤが走行中破損し，事故にいたるとの指摘が米国高速道路交通安全局(NHTSA)からなされた．フォード社は，車の問題ではなく，タイヤメーカのファイヤーストーン社側の欠陥と指摘するなど責任問題となる一方，650万本のタイヤのリコール問題に発展している．

3.9 製品事故のリスクについて

① コーヒーショップで紙コップのコーヒーを購入し，歩きながら飲んでいて，こぼして手にやけどをしました．この人は，通常テイクアウトで持ち帰る場合は，当然コップが揺れてこぼれる可能性があるのに，そのコーヒーは熱すぎるし，ただのコップではこぼれやすいから，欠陥と主張しました．さて，この場合，欠陥と判断されたでしょうか．

② ドーナツ屋さんでドーナツを食べて，そのセットでついてきたジュースを飲んだとき，何かが入っていたらしく喉を切りました．被害者は，すぐに病院に行き，レントゲンや排出物を調べてもらいましたが，別に堅い物は見つかりませんでした．でも友人なども目撃していて，そのジュース以外に喉を切るようなものを摂取していません．被害者はドーナツ屋さんにジュースに欠陥があったと裁判を起こしました．さて，この場合，欠陥と判断されたでしょうか．

③ 高速道路で交通事故を起こし，壁に正面衝突し，運転者が死亡しました．運転席にはエアバッグがあり，事故時には適正に作動したことがわかっています．しかし，被害者の家族はエアバッグがついていたのに死亡するのは，エアバッグに欠陥があったとしか考えられないとして，裁判になりました．さて，この場合，欠陥と判断されたでしょうか．

④ 喫煙がやめられない人がいて，肺がんになりました．その当時は健康を害する可能性がある旨の注意書きはありました．しかし，被害者は，何度もやめようとしましたが，やめられなかったのはたばこには中毒性があったからと主張し，そのことを注意書きに書いていなかったことが表示上の欠陥と主張して，裁判になりました．さて，この場合，欠陥と判断されたでしょうか．

第3章 製品のリスク

もっと勉強したい人のための参考文献

　製品のリスクのこと，欠陥製品を出さないための方法，消費者の信頼を得る安全な製品を供給し続けるための考え方に関する本が多数出版されています．ここでは，その中から，比較的わかりやすい文献をいくつか紹介します．

　①は製品の安全という品質特性を維持するためのシステム構築のお話です．②は，古典的な参考文献であり，製品の製造・供給者側に対する重要な考え方についてのものです．そして，③は，最近の文献であり，日本の新しい製品安全行政の仕組みについて述べています．

① 　日本品質管理学会PL研究会編：『品質保証と製品安全』，日本規格協会，1994
② 　水野滋編：『製品責任予防計画』，日科技連出版社，1975
③ 　大羽宏一編：『消費者庁誕生で企業対応はこう変わる』，日本経済新聞社，2009

第 4 章

生活とリスク

> 日々の生活において，私たちの安全や安心を脅かす事柄にはさまざまなものが存在します．本章では，日常生活を私たちが送るうえでどのようなリスクがあるのか，ということを見ていきます．その中でも衣食住と並んで生活を送るうえで欠かせない要素である「移動」に注目し，交通にまつわるリスクを詳しく見ていくことにします．

4.1 生活とリスク

　私たちがリスク管理を求められる場面は，企業の経営だけに限られません．経営の場から離れても，私たちの心身の健康や財産などを脅かすリスクは数多く存在します．表 4.1 には私たちの安全と安心を脅かす要因の分類が示されています．表 4.1 を見ると，サイバー空間の問題，経済問題，環境・エネルギー問題のように，企業などの組織経営に密接な関わりをもつ要因以外にも，健康問題，食品問題，社会生活上の問題など，生活者あるいは消費者として日常的にリスクと直面していることがよくわかります．

　そこで本章では，サービスや製品を提供する経営者側の立場だけでなく，サービスを受ける側の 1 人の消費者・生活者の立場として，どのようなリスクが存在し，それらのリスクとどう付き合っていけばよいかを考えてみましょう．

4.2 生活における交通のリスク

　私たちが社会の一員として生活を送るうえでも，対応を求められるリスクが数多く存在しますが，生活の安全と安心を脅かす程度は各要因によって違いま

第4章　生活とリスク

表 4.1　安全・安心を脅かす要因の分類

大分類	中分類
犯罪・テロ	犯罪・テロ，迷惑行為
事故	交通事故，公共交通機関の事故，火災，化学プラント等の工場事故，原子力発電所の事故，社会生活上の事故
災害	地震・津波災害，台風などの風水害，火山災害，雪害
戦争	戦争，国際紛争，内乱
サイバー空間の問題	コンピューター犯罪，大規模なコンピューター障害
健康問題	新興・再興感染症，病気，子供・青少年の健康問題，老化，医療事故
食品問題	O157 などの食中毒，残留農薬・薬品などの問題，遺伝子組換え食品問題
社会生活上の問題	教育上の諸問題，人間関係のトラブル，育児上の諸問題，生活経済問題，社会保障問題，老後の生活悪化，弱者の援護，多元的な問題の噴出
経済問題	経済悪化，経済不安定
政治・行政の問題	政治不信，制度変更，財政破綻，少子高齢化，危機対応能力の不足，国際上の問題
環境・エネルギー問題	地球環境問題，大気汚染・水質汚濁，室内環境汚染，化学物質汚染，生物多様性，資源・エネルギー問題
複合問題	アノミー

出典：科学技術・学術審議会 研究計画・評価分科会　安全・安心科学技術委員会：「安全・安心科学技術に関する重要課題について」，2011

　す．多くの場合，リスクを完全になくすことは難しいので，私たちは社会全体のリスクの総量を低減させる取組みを行いながら，時にはある程度のリスクは受容していくことも求められます．

　生活におけるリスクに対処するときも，まずは適切にリスクを評価する必要があります．本章では，リスクの大きさを年間の死亡者数から見ていくことにします．厚生労働省の人口動態調査特殊報告[1]によると，2008 年の日本人の死因は，第1位は「がん」，第2位「心臓病」，第3位「脳卒中」，第4位「肺炎」，

1）　厚生労働省：「平成 21 年度　不慮の事故死亡統計　人口動態調査特殊報告」，2009

4.2 生活における交通のリスク

表 4.2 日本人の死因順位とその死亡率（人口 10 万あたりの死者数）（2008 年）

	死因	死亡率
第 1 位	がん（悪性新生物）	272.3
第 2 位	心臓病（心疾患）	144.4
第 3 位	脳卒中（脳血管疾患）	100.9
第 4 位	肺炎	91.6
第 5 位	不慮の事故	30.3

出典：厚生労働省「平成 21 年度　不慮の事故死亡統計　人口動態統計特殊報告」，2009 をもとに筆者作成

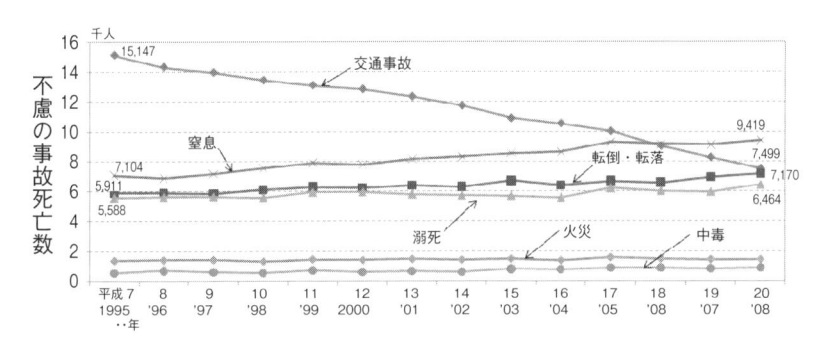

出典：厚生労働省：「平成 21 年度　人口動態統計特殊報告「不慮の事故死亡統計」の概況」，p.1
図 4.1　主な不慮の事故の種類別にみた死亡数の年次推移——平成 7 〜 20 年

第 5 位は「不慮の事故」でした（表 4.2）．第 1 位から第 5 位までの死因を比較すると，第 5 位の「不慮の事故」は，私たち生活者自身が十分に注意を払うことで，リスクを低減させることができるものも多いように思われます．そこで，「不慮の事故」についてもう少し詳しく見てみましょう．不慮の事故による死亡数は，過去 10 年の間，3 万 7 千人から 4 万人の間を推移しています．種類別では，「窒息」「転倒・転落」「溺死」の年間死亡者数は，増減を繰り返しながら長期的には増加している傾向にあります．それに対して「交通事故」は減少傾向にありますが，依然として不慮の事故の中では，2 番目に多い死亡数であることがわかります（図 4.1）．

上記の死因と死亡率に関する調査結果が示すように，さまざまな不慮の事故に関するリスクがある中で，本章では，私たちが社会の一員として生活するうえでかかわりのある「交通事故」および交通のリスクについて考えていきます．生活の中で「移動する」ということは，衣食住と並んで欠かせない要素です．移動をすることなしに社会生活を送るのはほとんど無理でしょう．電車やバスのような公共交通機関を利用しない場合でも，自転車や車，徒歩といった方法で，何らかの移動を皆が行っています．つまり，「交通事故」に遭うリスクとは常に隣り合わせの毎日を過ごしているわけです．それでは，移動（交通）にはどの程度のリスクがあり，それらのリスクに対して私たちはどのように向き合っていけばよいのでしょうか．

　日本の交通安全対策は，昭和45年に制定された交通安全対策基本法と，5年ごとに作成される交通安全基本計画に基づき，国の行政機関，地方公共団体，民間団体などによって行われています．交通事故は，道路交通事故が最も死者数が多く，鉄道交通，海上交通，航空交通事故の順に死亡数が多くなっています．1992年以降は道路交通事故の死亡数も減少傾向にはありますが，まだまだ交通事故の発生件数や負傷者数は高い水準にあります．また，道路交通以外の分野でも，近年ますます大量・高速輸送システムは発展して複雑なものとなっているため，ひとたび事故が発生すると大変な被害をもたらす恐れがあります．そのため，「今後も交通安全対策は，国や地方公共団体はもとより，国民一人ひとりが取り組まなければならない緊急かつ重要な課題」[2]なのです．

　以下では，陸上交通分野のリスクを例にあげて，生活とリスクの問題を考えたいと思います．

4.3　道路交通とリスク

　陸上交通は，道路交通と鉄道交通に分けることができます．ここではまず，

2）　警察庁：「第3章　安全かつ快適な交通の確保」，『平成22年版警察白書』，pp.128-150, 2011

4.3 道路交通とリスク

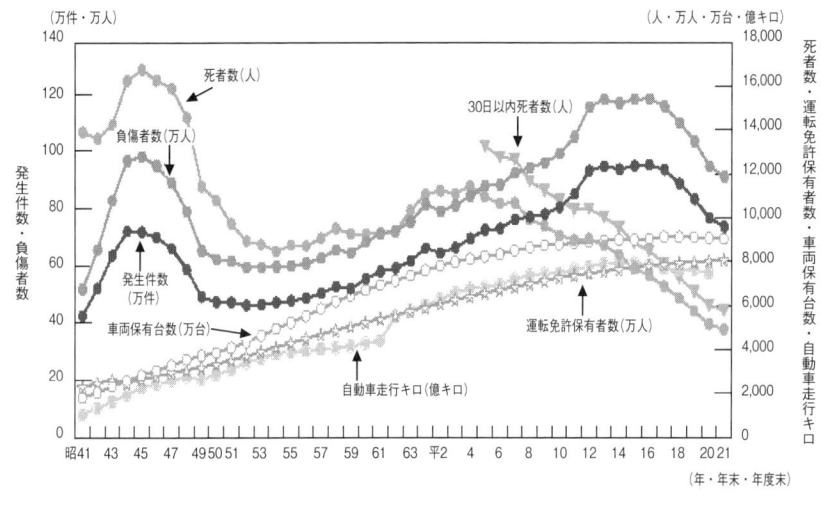

[図 4.2: 交通事故発生件数・死者数・負傷者数・運転免許保有数・自動車走行キロ数の推移を示すグラフ。縦軸左：発生件数・負傷者数（万件・万人、0～140）、縦軸右：死者数・運転免許保有者数・車両保有台数・自動車走行キロ（人・万人・万台・億キロ、0～18,000）、横軸：昭和41年～平成21年。]

注：車両保有台数・自動車走行キロは，国土交通省資料による．
出典：平成22年版警察白書 p.128

図 4.2 交通事故発生件数・死者数・負傷者数・運転免許保有数・自動車走行キロ数の推移

　年間死亡数が多い道路交通とリスクの問題を概観します．道路交通事故の発生状況の推移は，図 4.2 のとおりです．道路交通事故は，昭和45年に最悪の死者数を記録した後，昭和50年代にかけてその半数くらいまで減少しましたが，その後やや増加傾向に転じ，平成4年以降は再び減少傾向をたどって現在にいたります．しかしながら，交通事故の発生件数や負傷者数は依然として高い水準にありますし，車両保有台数や運転免許保有者数，自動車走行キロ数は年々増えていることを考えると，交通事故情勢は今もなお厳しい状況にあるといえるでしょう．

4.3.1　近年交通事故の死者数が減少した理由

　上記の調査結果から，近年は交通事故による死者数が減少傾向にあることが明らかになりましたが，死者数はなぜ減少したのでしょうか．警察白書[2]では，シートベルトの着用者率が向上したこと，高速で走行する車両の事故が低

表 4.3 死者数の減少した理由とリスク

(1)	シートベルト着用者率の向上	シートベルト非着用者の致死率は，着用者の 13 倍以上
(2)	事故直前の車両速度の低下	80 キロメートル毎時を超える高速の事故での死亡事故率は，80 キロメートル毎時以下の 49.7 倍
(3)	悪質性・危険性の高い事故の減少	飲酒運転や最高速度違反による事故の死亡事故率は，全体と比べると飲酒運転は 7.8 倍，最高速度違反は 18.8 倍
(4)	歩行者の法令遵守	違反のある歩行者の致死率は，違反のない歩行者の 2.9 倍

出典：平成 22 年版警察白書に基づき筆者作成
　　　（リスクの比較はいずれも平成 21 年のデータに基づく）

下していること，悪質性および危険性の高い事故が減少したこと，そして歩行者の法令に違反する人々が減少したことが，死者数を減少させた原因であると考察しています(表 4.3)．

4.3.2　道路交通のリスク管理に関する取り組み状況

　このような現況を踏まえ，日本では，①交通安全意識の醸成の取組み，②交通環境の整備として交通安全事業の推進，③道路交通秩序を維持するために悪質性の高い運転行為の取り締まりが行われています(表 4.4)．

　①の交通安全意識の醸成に関しては，自動車の運転者，自転車利用者，歩行者がそれぞれ正しい交通マナーの実践を習慣づけるよう，交通安全教育や交通安全活動が実施されています．これらは教育的アプローチによるリスク管理といえます．②の交通環境の整備とは，信号機や道路標識，交通管制センターなどの安全施設の整備や，最先端の情報通信技術を用いた交通管理の最適化を図ることによって，安全かつ快適で環境負荷の低い交通社会を実現しようとする技術的な方策です．③の道路交通秩序の維持に関しては，悪質性や危険性の高い運転行為の対策を実施したり，ひき逃げ事件の検挙といった交通事故事件の捜査を行ったりと，法制度の観点からのアプローチがなされています．

4.3 道路交通とリスク

表 4.4 道路交通のリスク管理に関する取組み状況

①交通安全意識の醸成（教育）	・運転者教育 ・自転車の安全利用の促進など
②交通環境の整備（技術）	・交通安全施設等整備 ・道路交通の IT 化など
③道路交通秩序の維持（法・制度）	・交通指導の取り締まり ・交通事故事件捜査など

出典：平成 22 年版警察白書を参考に筆者作成

上記の3つのうち，私たちが個人として日頃実施できることは，交通安全について正しい知識を学び，交通ルールを遵守することでしょう．上記のリスク管理の中では①に対応する取組みです．そこで以下では，交通安全意識を醸成する一環として，シートベルトの着用問題について考えてみます．

4.3.3 リスク管理と後部座席シートベルト着用問題

(1) 後部座席シートベルトの着用の義務化と近年の着用率の推移

改正道路交通法により，2008 年 6 月 1 日から後部座席のシートベルト着用が義務化され，これまで前方座席のみに限られたシートベルト着用が，全座席に拡張されました．それに伴い，後部座席のシートベルト非着用で検挙された場合，行政処分の基礎点数 1 点が付されます．罰則適用は段階的に施行され，2008 年 6 月に高速道路で着用が義務化された後，2009 年 10 月に一般道での適用が開始されました．警察庁と日本自動車連盟（JAF）が合同実施した調査結果によると，2011 年 10 月時点の後部座席の着用率は，一般道で 33.2％，高速道路等では 63.5％ でした（図 4.3）[2]．段階的施行を経て，全道路にて罰則適用が開始された 2009 年度のデータにおいても，この着用率は前年度比で微増しているものの，前方座席の着用率が 90％ 以上であることと比較すると，なお一層の啓発活動が求められる状況にあります．

(2) 後部座席シートベルト非着用のリスクと着用率向上のための取組み

後部座席のシートベルトを着用しないことには，私たちにどのような影響を

第 4 章　生活とリスク

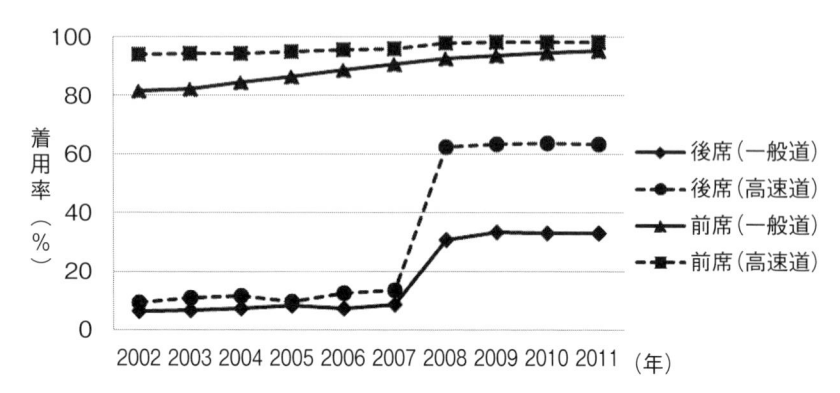

出典：警察庁／日本自動車連盟(JAF):「シートベルト着用状況全国調査」，2002〜2011
をもとに筆者作成

図 4.3　シートベルトの着用率の推移

もたらすのでしょうか．

　後部座席の場合には，本人が致命傷を負う危険性に加えて，その他の同乗者に致命傷を負わせる危険性があります．後部座席のベルトを着用していない場合，後部座席に乗車した人は事故時に前方のシートバックに激突することになるため，前方座席の死亡重傷率は高まります．また，後部座席の同乗者本人が車外に放出されることもあります．このように，前方座席だけでなく後部座席への同乗にもリスクが存在しており，しかもそのリスクはシートベルトの着用率向上により低減できることを示唆しています．

　では，まだ着用率の低い後部座席のシートベルトの着用をどのように促進したらよいのでしょうか．そのためには，シートベルトを着用しないことによって高まるリスクへの適切な理解を促し，シートベルトを着用することでリスクを低減できることが広く社会に理解されなくてはなりません．実際に警察庁や関係機関ではすでにそうした普及啓発や，着用しやすい後部座席のシートベルトの開発や普及が図られています．

　普及啓発に関しては，シートベルトを着用するか否かという行動自体は，非着用のリスクをどれだけ正しく認識しているかだけによって規定されているわ

けではないので，その他の着用行動に影響を与えている要因も考慮に含めたほうがよいでしょう．例えば，後部座席は前方座席に比べてシートベルトを着用する習慣が定着していなかったことや，後部座席のシートベルトを着用することに窮屈さを感じるためという原因も考えられます．その他にも，周囲の人々がどれだけ後部座席同乗時にシートベルトを着用しているかということや，友人や家族らがどれだけ後部座席のシートベルトを着用すべきだという意見をもっているかによって，私たちはシートベルトを着用することもあれば，着用をするのをやめようと考える可能性もあるでしょう．最終的にリスク低減のための行動を社会全体に浸透させるためには，リスク関連情報の伝達だけではなく，着用行動に影響を与えるリスク以外の要因も考慮しながら進めることが重要と考えられます．

4.4 鉄道交通とリスク

次に，陸上交通のもう一つの領域である鉄道交通におけるリスクを考えていきます．私たちの日常生活では，鉄道を利用してどこかへ移動することも少なくありません．鉄道を利用することにはどのようなリスクが伴うのでしょうか．

4.4.1 鉄道交通事故の件数と運転事故の種類

鉄道事故の年間発生状況を見ていきます．2010年の鉄道事故における運転事故による発生件数は870件，死傷者は760人（うち死者数は332人）でした．過去20年間の鉄道交通事故の発生状況のデータからは，増減を繰り返しつつも，長期的には減少傾向にあることが読み取れます．

国土交通省では，鉄道の運転事故を列車衝突事故，列車脱線事故，列車火災事故，踏切障害事故，道路障害事故，鉄道人身障害事故および鉄道物損事故に分類しています．表4.5は2010年に発生した鉄道運転事故の内訳が示されています．鉄道運転事故の中で最も発生件数が多いのは人身障害の445件でした．人身障害事故は近年増加する傾向が認められています．2010年の人身障害事故のうち，ホーム上で列車と接触したことで発生した事故は155件，ホー

第 4 章　生活とリスク

表 4.5　運転事故の種類とその発生状況（平成 22 年）

鉄道運転事故の種類	発生件数	死傷者数（死亡者数）	事故の定義
列車事故			
列車衝突	1（ 0.1％）	0(0)	列車が他の列車または車両と衝突し，または接触した事故
列車脱線	7（ 0.8％）	53(1)	列車が脱線した事故
列車火災	0（ 0.0％）	0(0)	列車に火災が生じた事故
その他の事故			
踏切障害	311（35.7％）	201(111)	踏切道において，列車または車両が道路を通行する人または車両などと衝突し，または接触した事故のうち，列車事故にいたらなかった事故
道路障害	104（12.0％）	54(2)	踏切道以外の道路において，列車または車両が道路を通行する人または車両などと衝突し，または接触した事故のうち列車事故にいたらなかった事故
人身障害	445（51.1％）	452(218)	列車または車両の運転により人の死傷を生じた事故（列車事故，踏切障害および道路障害を除く）
物損	2（ 0.2％）	—	列車または車両の運転により 500 万円以上の物損を生じた事故（列車事故，踏切障害，道路障害，および人身傷害を除く）
合計	870（100.0％）		

注：死亡者数は死傷者数の内数
出典：平成 23 年度交通安全白書[3]と「鉄道事故に関する統計」[4]を参考に筆者作成

ムから転落して列車と接触したことで発生した事故は 63 件でした．人身障害事故の次に発生件数が多い事故は踏切障害で，2010 年には 311 件発生しました．踏切障害の原因は列車が通過する直前の横断といった，道路交通側にある

3）　内閣府：「平成 23 年度交通安全白書」，p.88，2011
4）　運輸安全委員会：「鉄道事故に関する統計」
　　http://jtsb.mlit.go.jp/jtsb/railway/rail-accident-toukei.php（2011.8.26 参照）

4.4 鉄道交通とリスク

ものがほとんどで，自動車との衝突が最も高くなっていました．以上のように，人身障害と踏切事故が鉄道運転事故のうち約9割を占めています．

4.4.2 鉄道交通のリスク管理

鉄道交通のリスクを低減するために，鉄道交通の環境整備や鉄道の安全な運行の確保に関するさまざまな施策が実施されています[5]．

鉄道交通の環境整備に関する施策としては，鉄道施設や運転保安設備（自動列車停止装置（ATS）など）の整備や，大規模地震への対策強化として，新幹線や在来線の高架橋柱の耐震補強や，地下鉄道の火災対策として，排煙設備といった火災対策施設の整備推進が図られています．

鉄道の安全な運行の確保に関しては，乗務員や保安要員の教育や，列車の運行および乗務員などの管理の改善，鉄道交通の安全に関する知識の普及を鉄道事業者が実施することが期待されています．その他にも，鉄道が安全に運行されるよう鉄道事業法などに基づき，鉄道事業者等に対する保安監査の実施や，鉄道交通事故をはじめとする，陸・海・空の事故等の原因究明体制の強化を図るために，国土交通省の外局として運輸安全委員会が設置されています．

(1) 利用者の代わりにリスクを管理する組織としての鉄道事業者

以上のように，鉄道交通のリスク管理対策を概観すると，道路交通に比べてリスク管理を行う主体が鉄道事業者とその関係機関である場合が多いという特徴が読み取れます．つまり，鉄道交通において個人が安全を求める場合には，上記のリスク対策は，鉄道利用者だけでなく鉄道事業者らによってリスク管理を代理で実施してもらっている部分も少なからずあるといえます．そのため，鉄道交通を利用する際に私たち鉄道利用者は，信頼できる鉄道事業者を見極め，その鉄道事業者にリスク管理を委ねることになります．それでは，私たちは鉄道事業者にどの程度の信頼を寄せているのでしょうか．また，その鉄道事

---

5) 内閣府：「平成23年度交通安全白書」, 2011

業者がリスク管理をする組織として信頼に値するかをどのような観点から評価しているのでしょうか．

(2) 鉄道事業者に対する信頼の構造

　私たちは鉄道事業者を始めとした交通安全にかかわるさまざまな組織に対して，どの程度信頼を寄せているのでしょうか．交通安全(陸上交通だけでなく航空交通と海上交通も含む)にかかわる組織への信頼に関しては，次のような傾向が見られています[6]．まず，交通安全にかかわるさまざまな組織に対して評価を検討したところ，鉄道会社や航空会社といった交通安全の対策実施に直接かかわる組織と，新聞社やテレビ局といった交通安全に関する情報を伝達する報道機関とに大きく分けて人々は組織を認識し，交通安全対策に直接かかわる組織を，報道機関などよりも信頼できる組織と評価しているようです．

　また各組織への信頼を規定する要因については，大きく分けてその組織がどの程度の安全確保に関して，「有能さ」と「誠実さ」をもっているかどうかで判断していると考えられています．ここでいう「有能さ」とは，安全確保にかかわる専門知識や技能をもっている程度のことです．もう1つの要因である「誠実さ」とは，どの程度安全確保にかかわる情報を提供しているか(透明性)，生活者の安全確保のために正しいことを行っているか(公共の利益)や，生活者の安全確保のためにどれだけ真実を伝えているか(正直さ)などによって構成された評価を指します．「誠実さ」の要因は，「有能さ」よりも信頼感に及ぼす影響が大きい傾向にあるようです．この傾向からは，日常生活において利用者に代わってリスクを管理する企業などは，安全を確保するために優れた技能をもっているという「有能さ」の情報よりも，「誠実さ」を積極的に一般の人々へ示した方が効果的といえるでしょう．

　今回は，鉄道事業者を例にあげましたが，その他にも私たちに代わってリス

---

[6] 高木彩，山崎瑞紀，池田謙一，堀井秀之：「交通安全に関わる組織への社会的信頼とその構造」，『日本リスク研究学会誌』，17，1，pp.115-122，2007

クを管理する組織(民間企業や行政機関)は数多くあります．そうした組織に対して一般の人々が不信感を抱いてしまい信頼できなくなると，その組織が安全対策に手抜きをしないように誰かが監視する必要も出てきてしまいます．つまり，信頼できないと，信頼できる場合には必要ない監視のためのコストが余計に多くかかるのです．それは，社会にとってもその組織にとっても望ましくありません．そのため，鉄道事業者は生活者の代理でリスクを管理する立場として，生活者から信頼を獲得することが，鉄道交通のリスク管理でも重要だと考えられます．

4.5 おわりに

　年間死亡者数という観点からリスクを考えた場合，交通には生活を送る中でも比較的大きなリスクがあるといえます．しかしながら，特に道路交通事故は航空事故などに比べて私たちは過小にリスクを考えてしまいがちです．道路交通のリスク管理に関しては，安全意識の醸成や法令遵守といった部分で，私たち生活者の努力によりリスクを減少させる余地が残されています．したがって，一人ひとりがリスクの減少のために取り組むことが効果をもつため，一般の人々が適切にリスク管理を行えるよう普及啓発を行うこと，またその啓発方法の検討が有効です．鉄道交通に関しては，私たちはリスク管理の大部分を鉄道事業者に委ねることになるため，安全かつ安心して利用できる交通網を社会として維持するためには，一般の人々と鉄道事業者との間に信頼を醸成することが重要です．そして築き上げられた信頼のもとで，相互にリスクに関する情報交換やリスク管理方針に関する合意形成を進めることが望まれます．

演習問題

　2010年に国内でどのような鉄道交通事故が発生しているのか，事例を調べてみましょう．

第 4 章　生活とリスク

もっと勉強したい人のための参考文献

　本章で紹介したことをもとに，交通のリスクをはじめ，生活とリスクの問題にさらに理解を深めてもらいたいと思います．そのための書籍を紹介します．
① 　三浦利章, 原田悦子：『事故と安全の心理学　リスクとヒューマンエラー』, 東京大学出版会, 2007
　心理学の観点から，主に自動車交通問題と医療事故の問題を扱っています．

第 5 章

資源の安定供給リスク

わが国の産業はレアアースをはじめとして海外の資源に大きく頼って成り立っています．本章では，重要なメタル資源について，その安定供給のための資源確保に関連するリスクと，海外にほぼ全量を依存しているという日本の社会が直面するリスクについて考えていきます．

5.1 はじめに

　レアメタルという言葉を聞いたことがあるでしょうか？　レアアースはどうでしょう？　これらは，「産業のビタミン」とも呼ばれ，わが国の産業になくてはならない貴重なメタル(金属)資源です．2010年後半は，レアメタルの中のレアアース(希土類)が，日本にまったく入って来なくなるという状況が発生し，大きな騒ぎになりました．わが国の産業は，海外の資源に大きく頼っています．鉄や銅，亜鉛，鉛といったベースメタルと呼ばれているものから，上述のレアメタルも含め，ほぼ全量が海外から輸入されているといっても過言ではありません．

　本章では，このように重要なメタル資源について，図5.1に示すように，その安定供給のための資源確保に関連するリスクと，海外にほぼ全量を依存しているという日本の社会が直面するリスクについて考えていきます．

5.2 資源開発

　資源の開発には，極めて長いリードタイム(資源開発に着手してから，実際に資源が産出されるまでの時間)がかかります．その間，まずは，衛星などを

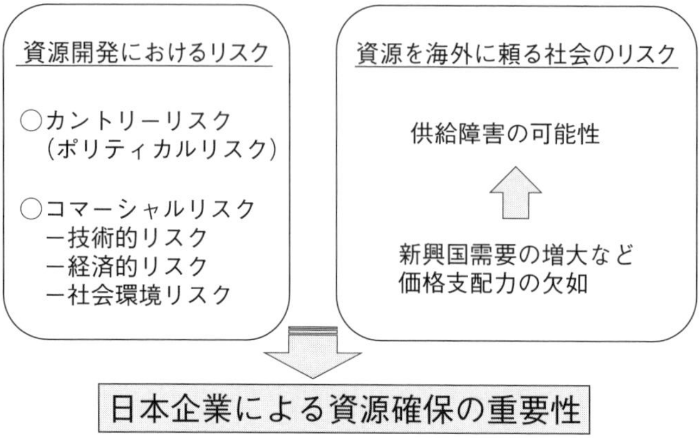

第5章 資源の安定供給リスク

```
┌─────────────────────────┐     ┌─────────────────────────┐
│  資源開発におけるリスク   │     │ 資源を海外に頼る社会のリスク │
│                         │     │                         │
│ ○カントリーリスク        │     │   供給障害の可能性       │
│  （ポリティカルリスク）   │     │        ↑                │
│ ○コマーシャルリスク      │     │                         │
│   －技術的リスク         │     │  新興国需要の増大など     │
│   －経済的リスク         │     │  価格支配力の欠如        │
│   －社会環境リスク       │     │                         │
└─────────────────────────┘     └─────────────────────────┘
              ↓
   ┌─────────────────────────────────┐
   │  日本企業による資源確保の重要性   │
   └─────────────────────────────────┘
```

図5.1　資源にまつわるリスク

使って，大まかな有望地域を絞り込みます(対象範囲：10万平方km[1])．その後，地表において，地質を調査したり，地下の状況を電気を流したりして，さらに有望な地域を絞り込みます(対象範囲：1,000平方km[2])．このようにして絞り込まれた地域の中で，最終的に有望な地域に対して，ボーリングを行って実際の地下の状況を確かめます(対象範囲：10平方km[3])[4]．その結果，十分な資源の量が確認され，経済的に開発が可能となった場合に，開発のためのさらなる追加投資が行われ，資源の供給が可能となっていきます．しかしながら，このような多額の費用をかけて実施した作業(「探鉱」といいます)にもかかわらず，十分な資源の量が確保できない場合や，諸々の理由で経済的に開発に移行できないような場合は，それまでにかかった費用が無駄になってしまうというリスクが存在します．

それでは，資源の開発に伴うリスクには，どのようなものがあるのでしょう

---

1) 日本の国土面積：約38万平方km，北海道の面積：約8.3万平方km，首都圏都県の面積：約3.2万平方km
2) 東京都の面積：約2千平方km
3) 千代田区の面積：約11.6平方km，習志野市の面積：約21平方km
4) 「非鉄金属資源開発技術のしおり」，JOGMEC，2010

5.2 資源開発

か．一つは，カントリーリスク（ポリティカルリスク）と呼ばれるもので，事業の当事者の責任に帰すことのできない不可抗力的なリスクです．この中には，戦争やテロ行為，資源保有国による事業の国有化，自然災害などがあります．もう一つは，コマーシャルリスクと呼ばれるもので，資源開発に必要な十分な技術がなかったというような技術的リスクや，資源価格が暴落するなどして想定どおりの収益が上げられないといった経済的リスクや，環境問題に対する意識の高まりによって住民の反対運動が起きるといった社会的リスクがあります．

このように，資源の開発には，克服すべきさまざまなリスクがあります．しかしながら，リスクがあるからといって，それを事業化しなければ，決してそこに埋蔵された貴重な資源を獲得することはできません．リスクへの対応を十分に行ったうえで，最後には，このようなリスクを受け入れたうえで（リスクテイク），企業にとっての利益を確保するという目標に加え，資源の安定供給確保という国家レベルでの目標のために，事業化していくことが不可欠になります．

こうした状況の中で，メタル資源に特有のリスクの高まりについて，以下いくつか説明します．

① 優良案件の減少

　過去のメタル資源の開発に伴って，小さいコストで開発できる案件や技術的に容易に開発できるといった優良な案件は，すでに開発されてしまっています．したがって，今後は，品位の良くない（鉱石の中のメタル成分が少ない）鉱石や，処理の難しい鉱石を対象にせざるを得なくなってきています．また，開発のための初期投資の金額が以前に比べると大きくなってきており，新規案件に参入するためには，巨額の資金を用意する必要があるなど，参入条件が悪くなってきています．

② 資源ナショナリズムの高まり

　中南米やアフリカで，1970年代に鉱山の国営化が進展しましたが，1990年代には，鉱山開発の外資への開放が進みました．しかしながら，最近になって，資源国政府は，国内資源を有効に活用する動きを見せてい

ます.例えば,インドネシアでは,これまで認められてきた鉱石の輸出が,インドネシア国内で付加価値をつけた形態でなければ輸出できなくなるような形での法律が施行されています.これは,そのような法律がない前提で投資をしてきた事業者にも適用され,参入時には想定されていなかった追加投資が必要となるなど,リスクの顕在化の例になります.また,南米のボリビアでは,電気自動車などに不可欠な資源であるリチウムの生産が期待されていますが,ボリビア政府は,リチウム資源の開発は独自に実施し,外資の参入は必要ない,との立場をとっています.これは,リチウム資源を活用した電池産業や電池自動車の工場などを誘致したいというボリビア政府の意向を反映したものです.その他,生産物について,資源国政府の取り分を大きくする,税率を引き上げるなどの動きが各国で見られています.

③ 資源メジャーによる供給の寡占化

　資源メジャーと呼ばれる英国や豪州に本拠を持つ Rio Tinto や BHP Billiton,ブラジルに本拠を持つ Vale などの巨大企業は,幾度もの再編を経て現在の姿になっており,規模,資金力,技術の蓄積などで他の企業を圧倒することにより,市場の支配力を有しています.特に,企業としての規模が,メタル資源を扱う日本の企業と比較してかなり大きく,最近になって資源ビジネスに力を入れている日本の商社と比較しても,まだまだ規模の開きがあるのが実情です.このように体力の違う外国企業と競争しながら,日本企業は資源確保を進める必要がありますが,経済状況の変化などによる影響の受け方が大きく異なります.

④ 価格の急激な変動

　メタル資源の価格は,需要と供給の変化によって変動するのは当然ですが,供給は自然災害やストライキなどによって大きな影響を受けることがあり,それによって,価格が大きく変化することがあり得ます.さらに,最近は投機資金の流入や,資源国による意図的な供給停止などによって,その変動の大きさが以前にも増して大きくなってきているのが実情です.

企業が資源開発を始める際に想定していた生産物の価格が大きく異なる状況も容易に発生し,投資判断がますます難しくなってきています.

⑤ 中国の動向

中国は,①供給国としての中国,②需要国としての中国,③競争者としての中国の顔をもちます.供給国としての中国は,冒頭でも記載したとおり,たとえばレアアースについては全世界の97%の生産量を有しています.その他のレアメタルなどについても,中国が供給国として大きい位置づけを有しているものが数多くあります.中国からのメタル資源の安定供給は,わが国を含めた全世界にとって,極めて重要です.また,中国は,旺盛な国内需要を支えるために,大量のメタル資源を消費しています.今後,さらに経済成長が続くことが予想され,これまで以上のメタル資源を消費していくものと考えられます.このことを背景に,中国は,自国のみならず第三国でのメタル資源の獲得に精力的に乗り出しています.こうした第三国でのメタル資源の獲得は,わが国企業も目指しており,いたるところで,わが国企業は中国企業との熾烈な争いに勝ち抜かねばならない状況です.

5.3 リスクマネー供給を含む公的な支援

これまでも見てきたように,メタル資源の開発にあたり,技術面での困難さが増している中,供給国の立場が相対的に強くなっていることに加え,価格変動が大きいこと,競争相手が強力であることなどを背景に,メタル資源開発が成功にいたる以前に,多大なリスクが伴います.わが国への資源の安定供給確保のためには,民間企業だけで,そうしたリスクをとることは難しいのが実情です.したがって,民間企業が十分に資源確保が可能となるよう,公的な支援が重要になってきます.すなわち,民間企業がとるリスクを国民からの税金で支援することにより,国全体でリスクをとって行こうということです.このため,海外におけるわが国企業の資源確保および自主開発輸入[5]拡大のために,図 5.2 に示すように,(独)石油天然ガス・金属鉱物資源機構(JOGMEC)が,探

第 5 章　資源の安定供給リスク

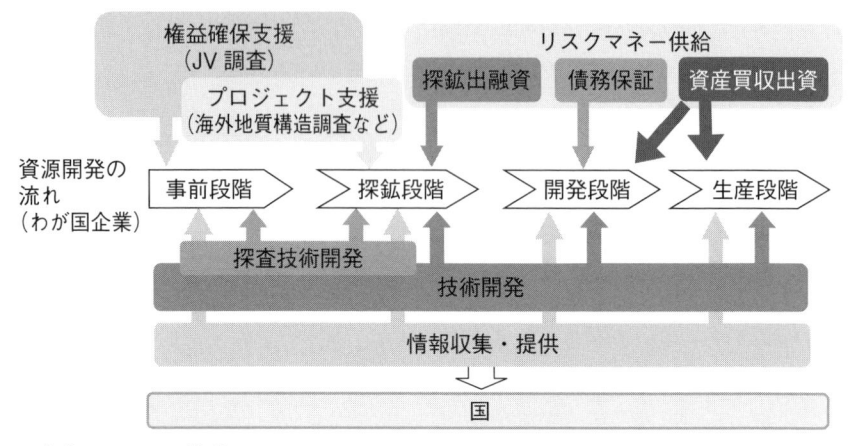

出典：JOGMEC 資料

図 5.2　石油天然ガス・金属鉱物資源機構（JOGMEC）による支援

鉱プロジェクトの形成から探鉱・開発・生産の各段階において民間企業の活動を支援しています．特に，リスクマネー供給（リスクを伴う事業に対しての資金の供給）については，民間企業が最も必要としている支援の一つであり，国際協力銀行などの他の政府機関とも適切な役割分担のもとに進められています．

特に，資金調達において有効なのが，プロジェクトファイナンスと呼ばれる調達方法です．これは，プロジェクトのために借り入れた資金の返済原資を，融資を受けた対象プロジェクトが生み出すキャッシュフローに限定し，その担保も融資対象プロジェクトの資産に限定する資金調達の方法です．プロジェクトファイナンスでは，実際にプロジェクトを実施する主体（借り手），資金を融資する銀行など（貸し手）がうまくリスクを取り合うことが重要です．さらには，関係する政府や生産物の買い手まで含めて，関係者が応分のリスク負担（リスクシェア）をすることがポイントです．こうした中で，日本の資源開発の企業や日本の銀行のリスクを軽減するために，政府の関係機関である国際協力銀行が民間銀行の融資を補完したり，JOGMEC などが民間銀行の融資に対して

5）　わが国の企業が資源開発に参画し，わが国企業が権益を保有する資源の輸入．

債務保証を行ったりしています．これによって，民間企業のリスクを軽減し，民間企業の海外展開を支援しています．

また，昨今は，資源外交という動きが政府によって進められています．これは，資源国政府との間で良好な信頼関係を構築し，それをもとに民間企業が参入しやすいような環境を整備し，そのような環境の中で，民間企業が資源確保のため動きを進めていくというものです．その一環として，政府開発援助（ODA）の供与などもタイムリーに行われるなど，政府と民間企業が一体となったオール・ジャパンの体制で，資源開発におけるリスクを低減していこうという試みが積極的に進められるようになってきています．

5.4 日本の社会が直面する資源リスク

ここまでは，資源開発に伴うリスクを見てきました．ここからは，日本の産業に不可欠なメタル資源を，ほぼ全量，海外に依存しているという日本の社会が直面するリスクについて考えていきます．

5.4.1 レアメタルとは

レアメタルという言葉を耳にする機会が増えています．「レア」とは英語のrare（稀な）という意味で，直訳すると「稀な金属」ということになります．英語の世界では，「rare metal」という言い方はあまり使われずに，「minor metal」といわれることが多いようです[6]．わが国では，レアメタルという言葉が一般的には使われていますが，これは，経済産業省が定義した31鉱種（レアアース（希土類）は，17元素を総括して1鉱種とし，その他30鉱種と合わせて定義）を指すのが一般的です．

---

[6] 最近では，産業界にとって極めて重要で，供給が滞ると危機的な状況になってしまうという意味で，「critical metal」といういい方もされるようになっています．ただし，これは，必ずしもレアメタルのみを想定した概念ではありません．

5.4.2 レアメタルの重要性

　レアメタルは，先にも述べたように，「産業のビタミン」とも呼ばれ，わが国の産業にとって，大変重要です．それはどうしてでしょうか？　レアメタルは，例えば，鉄に添加することにより，強度を増すなどの高機能材に不可欠です．また，強力な磁石などにも不可欠であり，これによって電気製品などの小型化・軽量化などが実現しています．また，省エネや排気ガス浄化などの機能を実現し，地球環境問題にも大きく貢献するとともに，超硬工具など精密加工にも不可欠な素材となっています．

　図5.3は，上述の内容を図にしたものですが，テレビ，パソコン，携帯電話，自動車のような日常生活で使うものから，産業用のロボット，医療機器など，生活や社会のあらゆる分野で，レアメタルは用いられており，こうした機器類の高機能化や小型化・軽量化・省エネ化や環境関連機能として，どのような部品（磁石，電池など）に，どのようなレアメタルが用いられているかを表してい

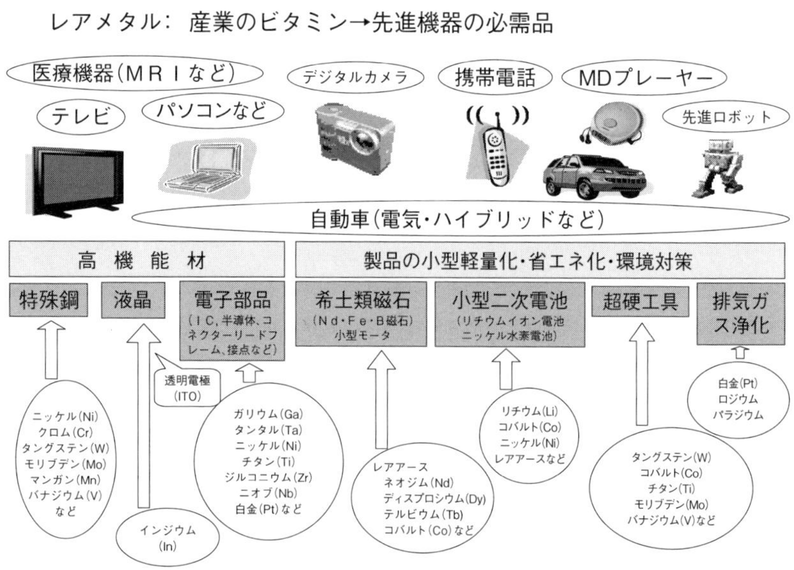

出典：経済産業省資料

図5.3　レアメタルの用途

ます．

　特に，最近，次世代自動車の普及促進ということで，電気自動車やハイブリッドカーに注目が集まっています．このような次世代自動車に装備されているモーターには強力な磁石が不可欠です．この磁石には，ネオジム(Nd)というレアアースが不可欠です．また，磁石の性能が高温でも維持されるためには，ディスプロシウム(Dy)というレアアースが重要になります．その他，電池には，リチウム(Li)やコバルト(Co)，マンガン(Mn)などのレアメタルが使われます．また，排気ガス浄化のための触媒として，プラチナ(Pt)，パラジウム(Pd)，セリウム(Ce)などが用いられています．また，加工のための工具として，タングステン(W)などが使われています．これらは一例ですが，このように，自動車を作るためには，さまざまな種類のレアメタルが必要で，代替の効かないレアメタルが一つでも欠けると，自動車の生産自体ができなくなることになります．また，強力な磁石は，自動車だけではなく，ありとあらゆる電化製品・電気機器に搭載されています．テレビなどの液晶画面には，インジウム(In)と呼ばれるレアメタルが，透明な電極としての機能には欠かせません．レアメタルはベースメタルのように大量に必要なわけではありませんが，入手できないと日本のさまざまな産業に大打撃を与えることになります．

5.4.3　レアメタルにまつわるリスク

　上で述べたように，レアメタルはわが国産業にとって極めて重要であって，供給がきちんと確保されないと，わが国産業や経済に大きい影響が出ます．例えば，レアアースは，中国の生産が全世界の生産の97％を占めています．2010年に尖閣諸島で発生した中国漁船の船長の逮捕に対して，中国からのレアアースの輸出が滞る[7]，という事態に発展しました．日本は，レアアースについては，主として中国からの輸入に頼っていたため，輸入業者や産業の関係

---

7)　中国政府は，公式にはレアアースの輸出停止を認めていませんが，実際上，日本に向けたレアアースの輸出は停止したといわれています．

第5章　資源の安定供給リスク

者は，事態を重く受け止め，日本政府も交えて事態の収拾に向けて中国政府に働きかけを行いました．幸い，その後，中国からのレアアースの輸出は再開されていますが，後でも述べるように，中国政府は，レアアースの輸出に対して，輸出枠の制限や輸出関税の引き上げなどを行っており，将来的なレアアースの安定的な輸入について，必ずしも安心できる状況ではありません[8]．このように，レアアースの輸入先が中国に一極集中している状況を解決するために，日本政府は，JOGMECなどの支援ツールを活用して，米国やオーストラリアなどのレアアースの開発を進める日本企業の支援を行っています．また，供給源の多角化（リスク分散）の観点から，ベトナムや中央アジアのカザフスタンやインドなどでの日本企業の活動も支援しているところです．

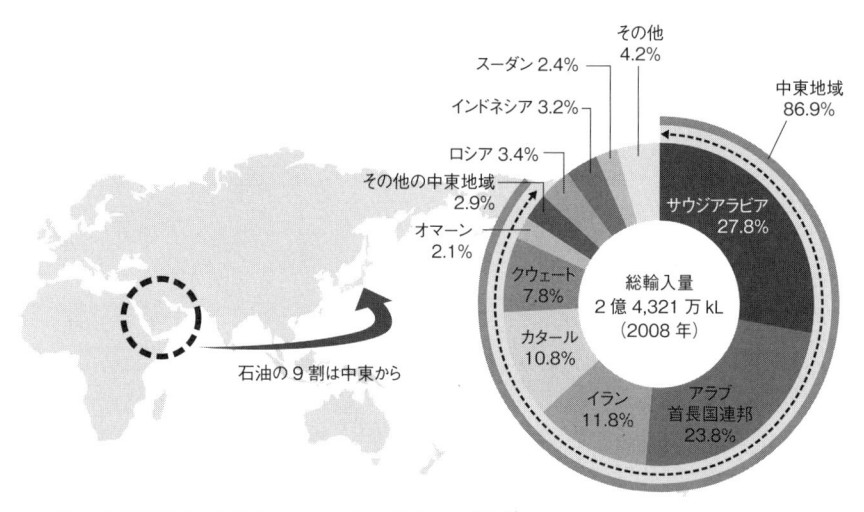

出典：経済産業省：「日本のエネルギー 2010」，2010 [9]

図 5.4　石油の中東依存度

---

8) 中国政府は，レアアースの輸出を抑制する理由として，レアアースは重要な国内資源であり，中国にとって有効に活用すべきであること，また，環境破壊を起こさないようなレアアースの開発が必要であることなどをあげています．
9) 経済産業省：「日本のエネルギー 2010」，2010.
http://www.enecho.meti.go.jp/topics/energy-in-japan/energy2010html/japan/index.htm

5.4 日本の社会が直面する資源リスク

このように，資源が一部の地域に偏在しているのはレアアースだけではありません．メタル資源ではありませんが，図5.4は，石油の輸入先を示しており，約9割弱を中東に依存していることがわかります．レアアースは上に述べたように，中国の生産が世界の約97%を占めていますが，その他にも，表5.1に示すように，多くのレアメタルが特定の国に偏在しており，上位五か国で8割を超えるようなものも珍しくありません．参考までに，図5.5に，レアアースの生産シェアをグラフ化したものを示します．

他方で，日本国内でのレアメタル消費も，世界の中では大きい位置を占めているものがたくさんあります．表5.2は，日本の消費の世界シェアを示してい

表5.1 世界のレアメタルの生産のシェアの事例

	第1位(%)		第2位(%)		第3位(%)		上位5か国比率(%)
レアアース	中国	97.3	インド	2.0	ブラジル	0.4	99.7
タングステン	中国	85.2	ロシア	4.1	ボリビア	1.8	91.1
ニオブ	ブラジル	92.1	カナダ	7.0			99.1
アンチモン	中国	89.3	タジキスタン	2.6	ボリビア	2.4	94.3
プラチナ	南アフリカ	75.4	ロシア	13.1	ジンバブウェ	4.8	93.3
インジウム	中国	52.3	韓国	13.9	日本	12.2	78.4

JOGMEC資料「メタルマイニング・データブック2011」，2012を参考

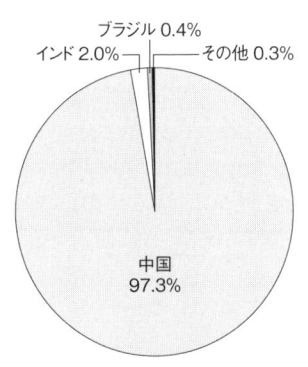

図5.5 レアアースの生産シェア(表5.1より)

第5章 資源の安定供給リスク

表 5.2 日本のレアメタル消費の順位・シェアおよび消費1位の国（シェア）

鉱種	日本の消費の順位	日本の消費のシェア	消費1位の国（シェア）	鉱種	日本の消費の順位	日本の消費のシェア	消費1位の国（シェア）
ニッケル	2位	10.2	中国(38.9)	アンチモン	4位	11.4	中国(24.1)
マンガン	4位	6.3	中国(54.0)	プラチナ	3位	14.7	欧州(26.8)
コバルト	2位	20.8	中国(36.9)	パラジウム	4位	15.3	北米(31.7)
タングステン	4位	8.7	中国(55.0)	チタン	4位	23.5	中国(37.7)
モリブデン	3位	15.7	西欧(51.8)	ガリウム	1位	62.2	日本(62.2)
バナジウム	4位	11.6	中国(36.0)	レアアース	2位	23.8	中国(54.6)

JOGMEC 資料「メタルマイニング・データブック 2011」を参考[10]

ますが，日本一国で世界の消費の1割以上を占めるものがいくつも存在します．このように，日本は，国内ではレアメタルの生産がない一方で，世界のかなりの量を消費する国であることがわかります．

5.5　世界に大きな影響を及ぼす中国

先にも述べたように，中国は，①供給国としての中国，②需要国としての中国，③競争者としての中国の顔をもちます．表 5.1 で示したように，中国は，メタル資源の重要な供給国となっています．特に，レアアースについては，すでに述べたとおり，世界のほぼすべてを中国が生産している，という状況です．こうした中で，中国政府は，近年，レアアースの輸出枠を縮小してきています．さらに，中国政府は，2006 年以降，レアアースの輸出に対して輸出関税を課しており，その税率も年々引き上げられています．このような中国政府の政策は，自国の資源を管理し，将来の国内資源供給の安定化を図るとともに，環境面に配慮した開発を行うなどの，中国国内の事情に起因するという面があるのは事実かもしれません．しかしながら，供給を中国に頼っている日本

---

10) （独）石油天然ガス・金属鉱物資源機構：「メタルマイニング・データブック 2011」，2012.

5.5 世界に大きな影響を及ぼす中国

を含む他の国々にとっては,供給途絶の可能性について,大きいリスクを抱えている状況になっています.2010年7月以降,レアアースの価格は著しく上昇し,2011年半ばには,2010年初頭と比較して30倍にまで高騰したものもあります.ただし,このような極端な状況は,日本をはじめとした需要国による代替材料開発などを誘発しており,価格は下降局面にありますが,このような価格の乱高下は,レアアースを開発または使用する企業双方にとって大きな問題です.

他方で,中国は,大量の資源を消費する需要国でもあります.図5.6は,中国,日本,米国のレアアースの消費量を比較したものです.日米の消費の状況に比べて,中国のレアアースの消費の伸びがいかに著しいかがよくわかります.このような消費の伸びは,レアメタルだけではなく,銅などのベースメタルでも見られます.中国経済の発展に伴って,銅の消費量は2000年以降,急激な増加を見せています.しかし,中国経済は,まだまだ発展の余地が大きく,それに伴って,銅などの資源に対するさらなる需要の増大が予想されます.

このように,中国は旺盛な国内需要を抱えており,今後さらなる需要の増大

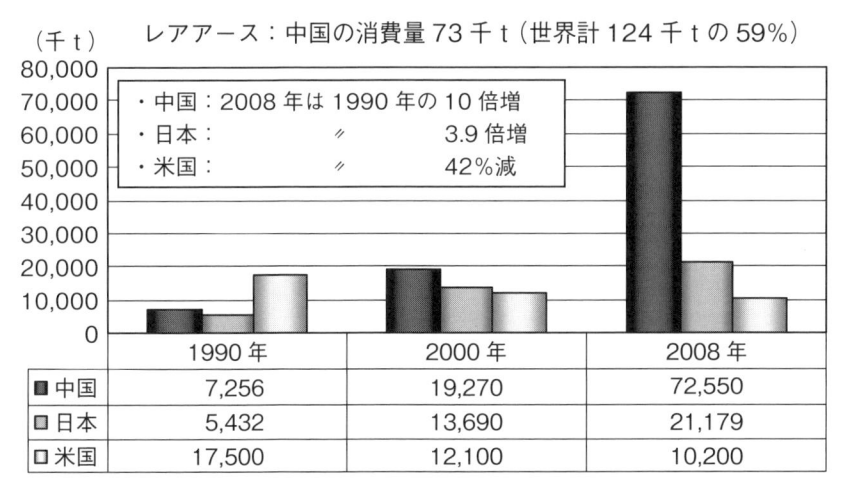

レアアース:中国の消費量73千t(世界計124千tの59%)

・中国:2008年は1990年の10倍増
・日本: 〃 3.9倍増
・米国: 〃 42%減

	1990年	2000年	2008年
中国	7,256	19,270	72,550
日本	5,432	13,690	21,179
米国	17,500	12,100	10,200

出典:JOGMEC資料

図5.6 レアアースの消費量

が予想されることから，世界各地で資源の確保を目指して国家レベルで活動を強化しています．日本の企業は，資源メジャーとの競合に加え，中国企業とも競合することとなり，資源確保のための環境が一層厳しくなってきています．

5.6　資源を海外に頼ることのリスク低減のために

　ここまで見てきたように，わが国は資源を海外に頼らざるを得ない一方で，産業を盛んにするためにはレアメタルなどのメタル資源の供給を欠くことはできません．先に述べたように，メタル資源の新たな供給源を確保するために，さまざまなリスクを克服していくことが重要で，必要資金的・技術的なサポートが重要です．

　また，このような資源確保に，リサイクル，代替材料開発，金属資源備蓄[11]を加えた4つの柱によって，供給が滞るといったリスクを軽減するための取組みも重要です．

　リサイクルや代替材料開発は，新たな資源を使うのではなく，すでに使ったものを有効利用する，あるいは，供給が限られているような資源の使用量を削減したり，別の資源を活用することによって，リスクの軽減を図るものです．リサイクルに関しては，レアメタル含有量の多い使用済みの携帯電話，デジタルカメラなど(「都市鉱山」と呼ばれています)について，リサイクルを進められるようなシステムやリサイクル技術の研究開発などが行われています．また，代替材料開発については，ナノテクノロジーなどを活用した代替材料開発の実用化につながる研究開発が進められています．

　4つ目の柱が金属資源備蓄です．何を備蓄するか，また，いつ備蓄の積み増しをして，いつ備蓄の放出をするか，などは，市況にも影響を与えますし，産業界のニーズを十分に反映する必要があります．

　いざというときの備えとしての重要な手段として，また，供給が一時的に途絶えることがあっても，物理的にものがあることに加え，心理的にもパニック

---

11)　経済産業省：「レアメタル確保戦略」(2009年7月28日　経済産業省発表)

にならない，といった重要な役割を担っています．

　資源確保についてのリスク低減のためには，民間企業自身も自らの問題としてさまざまな努力をしています．民間企業の独自の努力に加え，こうした日本政府の支援により，資源の安定供給が図られています．

5.7　おわりに

　以上のように，資源の確保には多大なリスクを克服する必要がある一方で，私たちの社会は，資源を海外にほぼ全量依存しているというリスクを抱えています．こうしたリスクを軽減していくために，さまざまな手段が講じられています．ただ，極めて重要なことは，資源確保という意味では，リスクに果敢にチャレンジしていくことが不可欠であることも忘れてはならないということです．このようなリスクへのチャレンジ（リスクテイク）なくして，果実（資源の確保）を得ることは実現しないということを肝に銘じることが必要です．

　また，リスクテイクに際しては，社会全体でリスクを分担することも必要です．特に，資源のユーザーである企業（自動車や電機産業などの川下企業）も含めた形でリスクテイクすることが，今後ますます必要になってくるものと考えられます．これは，開発された資源の安定的な引き取り手を確保することが資源開発においては重要だからです．したがって，資源を開発する企業（川上企業），資源のユーザーである企業（川下企業），金融機関，さらには政府などの関係者が，適切な形でリスクシェアすることが，今後の資源の安定供給確保のためには不可欠です．

　本章で述べてきたリスクについての概念やそれへの対応などについては，本章で扱っているメタル資源のみならず，石油や天然ガスなどの開発についてもあてはまるものがほとんどです．国内資源に乏しい日本においては，資源を海外に依存する状況は継続していかざるを得ません．しかしながら，それに伴うリスクを軽減することは可能です．本章で述べてきたように，資源を巡る状況には厳しいものがあるのは事実ですが，リスクを把握し，リスクへの対処を適切に行うことにより，これからも，日本はたゆまぬ発展を続けていくものと確

信しています.

演習問題
問題 1. 資源価格の推移を調べ,価格の大幅な変動が,どのような国際的な出来事と関連しているのかを考えてみましょう.
問題 2. テレビのニュースや新聞で,資源問題が取り扱われない日はないといっても過言ではありません.今,どのようなことが話題になっているのか調べてみましょう.

もっと勉強したい人のための参考文献
① 馬場洋三:『金属ビジネスのしくみ』,日本能率協会マネジメントセンター,2008
　レアメタルなど金属資源の諸々について,わかりやすくまとめてあります.
② 谷口正次:『メタル・ウォーズ』,東洋経済新報社,2008
　各国が,メタル資源確保に向けて,どのようにリスクテイクをしながら活動しているかが書かれています.
③ (独)石油天然ガス・金属鉱物資源機構:『ベースメタル国際事情と我が国鉱物資源政策の変遷』,JOGMEC,2010
　銅などのベースメタルについて,さまざまなリスクや市場動向,産業構造,さらに関連政策の変遷などがコンパクトにまとめてあります.
④ ダニエル・ヤーギン:『石油の世紀』,日本放送出版協会,1991
　対象は石油ですが,リスクに満ちた石油の開発がいかに行われ,石油を巡る国際間の厳しい現実についての知識が得られます.

第 6 章

環境リスク

> 本章では，環境に関わるリスクを取り上げます．人間活動が環境へ与える影響には大きな不確実性があり，まさにリスク問題といえます．また，企業経営においては環境問題への対応が適切でないと，経営上のリスクとなりえます．さらに，環境中の有害性のある化学物質による人の健康や生態系に対するリスク管理の手法，および規制値設定の管理の考え方について解説します．

6.1 はじめに：「環境リスク」とは

「環境リスク」というと，人間活動が環境や生態系の変動を引き起こすリスク，および環境や生態系の変動が人間の生命や健康あるいは財産に損害を及ぼすリスクを指します[1]．損失の及ぶ対象としては，社会資本や文化，あるいは社会の持続性も含めることができます．これらの損失の対象の中で最も優先的に考えられてきたのが人間の生命と環境であり，環境中の有害物質の安全管理としての「環境リスク」の評価管理が比較的早くから体系化されてきました．さらに，企業が環境問題への対応を誤った場合に経営に及ぼす影響も「環境リスク」といわれ，企業経営管理において重視されるようになってきています．それらの原因となる環境の変動を予測しようとしても不確実性が避けられない

---

[1] 「平成 20 年度版環境循環型社会白書」では，環境リスクとは「人の活動によって環境に加えられる負荷が環境中の経路を通じ，環境の保全上の支障を生じさせるおそれ（人の健康や生態系に影響を及ぼす可能性）」と定義されています．
環境省：「平成 20 年度版環境循環型社会白書」
http://www.env.go.jp/policy/hakusyo/h20/html/hj08040106.html#n4_1_6_45
2011.08.30 参照

第6章 環境リスク

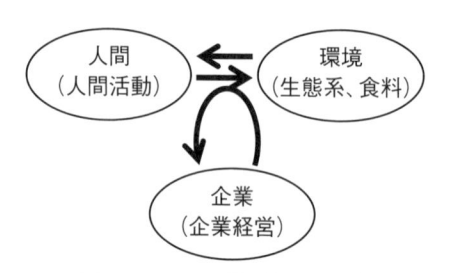

図 6.1　3つの「環境リスク」

ことから，「リスク」としての捉え方が重視されるわけです．つまり，「環境リスク」には，**図 6.1** に示すように，人間が原因で環境に影響が出る，環境の変動が原因で人間に影響が出る，それらへの企業の対応が原因で企業活動に影響が帰ってくる，という3つの過程があります．

本章では，環境に対するリスクと，企業経営に対するリスクについて簡単にリスク問題としての特徴を紹介した後，リスクマネジメントとしての体系が比較的発達している有害物質による健康などへの影響評価と管理の考え方について詳しく解説します．

6.2　環境に対するリスク

近年，地球環境問題として，気候変動(温暖化)，酸性化，オゾン層破壊，熱帯雨林の減少，砂漠化，土壌喪失，開発途上国における公害，野生生物種の減少，有害廃棄物の越境移動，海洋汚染，水資源不足，鉱物資源の枯渇など発生が危惧されています[2]．

人間活動の拡大に伴って発生するこれらの環境問題は，これからの人間社会にとって重大なものになるといわれています．これらの問題は，大きなかつ不

---

2) 日本の戦後高度経済成長期に深刻化した水俣病やイタイイタイ病などの公害問題は，現在の日本では克服された感もありますが，世界的にはまだまだ無視できない被害を生みだしていることにも注意が必要です．また，原因と影響の関係や，被害者と加害者の区別が比較的容易にできる公害問題と，両者の区別があいまいな環境問題を分けて考える議論もありますが，本章ではその区別に深入りはしません．

可逆な被害が出るといわれるものの，今後いつ，どこで，どの程度の規模で発生するか予測における不確実性が極めて大きいという点で，リスク問題として取り扱いにくい課題といえます．具体的かつ確定的に悪化が予測され，その対策効果も確実に予測できるのであれば，対策を間違いなく一本に決めることができ，それは「リスク」として扱う問題ではありません．例えば，温室効果ガス濃度の上昇による気候変動については，いつ，どこで，どの程度の気温上昇となり，その結果熱中症の人が何人発生し，あるいは何人がマラリアを発症するかというような予測の精度は極めて粗いものです．そもそも温室効果ガス濃度の上昇がどれだけ気温上昇に結びつくのか，あるいはその温室効果ガスの排出量がどう変化するのか，科学的に厳密な答えが出る問題ではありません．

このように，科学的な知識の不確実性がリスクとしての源ですが，より本質的には，環境に影響を与える人間社会も，気候システムや生態系にも「複雑系」であることが原因です．複雑系とは，原因と結果がきちんと対応づけられない，非確定的な現象を示すシステムをいいます．地球環境問題では，このような不確実な情報のもとで意思決定をしなければなりません．しかもその判断の基準になる人々の価値観は多様であり，影響が及ぶ将来世代の人々の考えも今の私達が確信をもって判断できるものではありません．

6.3　環境問題への対応によって生じる企業経営リスク

企業経営において，環境問題への対応を失敗すると経営に好ましくない影響が生じることがあり，それを避けることが重視されるようになってきています．

工場や貯蔵施設からの汚染物質の排出や，製品の使用・消費・廃棄段階で製品に含まれていた有害物質が原因でヒトや生態系に悪影響を与えることが，公害問題としてしばしば起こりました．従来から，これらは法律に触れる問題として行政的・刑事的処罰を受けたり，被害に対する補償措置の責任を負ったりすることで経営に損失を及ぼしていました．例えば，水俣病を引き起こしたチッソは裁判で敗訴後，巨額の補償費用を抱えて経営が悪化し上場廃止となりました．1989年にアラスカ沖で油流出事故を起こしたエクソン社（バルディー

ズ号事件)が環境浄化のために支払った賠償金は35億ドルに上ったといいます．2011年の東京電力福島第一原発の事故による放射能汚染では，東京電力の存続自体が危うくなっています．

　また，近年では環境規制への対応が企業経営に影響することがあります．欧州ではRoHSという有害物質の規制を導入しましたが，2001年にオランダでソニーの家庭用ゲーム機から規制対象となっているカドミウムが検出され，ソニーは製品の回収と代替品の提供をせざるを得なくなりました．リスクとは逆に，新しい規制への対応は，新しいビジネスのチャンスにもなります．アメリカでの自動車排ガス規制への技術的対応が，日本の自動車産業躍進の一つの要因となったといわれています．

　もうひとつ注目されているのが，土壌汚染による企業経営リスクです．工場が移転した後，その土地が重金属や有機溶媒で汚染されているのが見つかる例が増えています．土壌汚染が発覚すると，調査結果報告義務，汚染対策措置義務，操業停止などの行政上の処分だけでなく，汚染が隣地に拡大した場合にはその損害賠償，土地を転売するには汚染浄化費用の負担，あるいは地価評価額の減損や用途の限定，さらには融資を受ける際の担保価値の低下，また風評被害を引き起こすなどの可能性があります．土壌汚染は不法投棄によって発生することもありますが，工場などでは知らず知らずのうちに微量の有害物質が漏洩したり蓄積していることがあり，発見が遅れると大きな問題になります．

　最近では，法的な汚染者負担原則や拡大生産者責任といった考え方の浸透だけでなく，市民レベルの環境意識の高まりを反映して，環境問題への対応を誤ると，その企業の製品に対する不買運動が起こったり，取引先の企業から排除されたり，金融機関からの資金の調達が難しくなったりすることがあります．そうなると当然株価や企業価値は下落し，倒産したり企業買収の対象になったりします．そのため，特に金融機関は融資に対して金融機関自身のリスク回避のために企業に環境配慮を求める傾向があります．アメリカでは土壌汚染が原因で土地保有者などが倒産した場合，融資した金融機関に土壌浄化の責任が求められるため(スーパーファンド法)，融資に際しては土壌汚染の有無や他の環

境配慮状況を詳しく調査するといわれています．日本ではそのような責任はありませんが，融資先企業で汚染が発覚すると，財務状態が悪化し，融資の回収が困難になるので，やはり企業の環境への取組みが融資条件に上ってきます．さらに，金融機関は融資を通じて企業の環境配慮への取組みのサポートを始めていますし，それを求める投資家も増えています．それは，環境配慮企業は将来性がある，あるいは収益面で余裕のある企業が環境配慮をしていると見られるからであり，これらの投資判断を支援するための環境格付けも始まっています．

このように，環境問題への対応が企業の業績を大きく左右する要因となっています．そのため企業は ISO 14001 などの環境マネジメントシステムを導入しその認証を受けようとしますし，CSR 報告書（環境報告書）などで環境経営の実情の公表に努めるようになっています．企業内が一体となって環境リスク低減に取り組むことは，従業員の意識（士気）向上や業務全体の効率化にもつながるといわれています．

6.4 有害物質によるリスク

環境問題というと，大気や水，土壌などの汚染が想定されますが，それらの環境媒体の人体への直接的な取り込みだけでなく，環境中の汚染物質が食品を介して人体へ影響を与える例も少なくありません．水俣病では魚の中の有機水銀，イタイイタイ病では米中のカドミウムが原因物質となりました．また，有害物質による中毒事件は，環境を介さずにも発生します．カネミ油症事件における PCB や冷凍餃子に混入させられたメタミドホスによる中毒など人為的な事件もありましたし，フグやキノコなどの天然物による中毒も毎年のように起こっています．さらに，食品だけでなく，日常的に使用する製品中に含まれている化学物質に関する不安も根強くあります．例えば，新築の住宅などではシックハウス症という体調不良を訴える人がいます．その原因は，ホルムアルデヒドなど建材に使用されている化学物質だといわれています．また，家の中には衣類用防虫剤のパラジクロロベンゼンとか畳の防虫加工の有機リン系殺虫

剤，ドライクリーニングの溶剤など安全性が疑われる化学物質が多数あります．内閣府が平成22年に発表した「身近にある化学物質に関する世論調査」によれば，化学物質は危なく，難しく，不安なものというイメージをもっている人が多いことが伺えます[3]．このようないわば人工環境についても，人々は環境汚染と同じような不安をもっていることがわかります[4]．

本節では，こういった化学物質によってもたらされるリスクの評価，管理がどのようになされているのかを紹介します．

6.4.1 化学物質の毒性

すべての物質は，摂取量が多すぎれば何らかの毒性を示します．人間にとって必須である食塩も，摂り過ぎれば高血圧の原因になりますし，水のがぶ飲みが原因で死にいたった例もあるようです．逆に，摂取量が少なければ有害性が現れないのも一般的です．例えば，猛毒といわれるボツリヌス菌毒素でも，ごく少量であれば人体に対する悪影響は現れず，美容効果をねらった使用例があります．つまり，物質が有害か無害かは摂取量によるといえます．

6.4.2 用量―作用関係

化学物質の摂取量とその影響の関係を用量―作用関係（あるいは用量―反応関係）といい，**図 6.2** のように模式的に示すことができます．ここで，図の縦

---

[3] 内閣府大臣官房政府広報室：「身近にある化学物質に関する世論調査」，平成 22 年 6 月調査
   http://www8.cao.go.jp/survey/h22/h22-kagakubusshitsu/3.html（2011.08.30 参照）
[4] 化学物質の定義はあいまいです．いくつかのガスと純金属を除くすべての物質は複数の原子の化学結合でできている分子ですから，それらをすべて化学物質ということができます．ところが，一般には「化学物質」というと，人工的に合成された物質だという理解のされ方があります．毒性のことを考えれば，人工であろうが天然であろうが，本質的な違いはありません．自然界に猛毒は数多くあります．身近に使用されている天然物質は，長い人類の経験の中で有害性の識別ができてきたので安全だという意識が広まっているのかもしれません．一方，人工的な合成化学物質はそのような実地体験による選別が十分に済んでいないという不安をもたれるのでしょう．あるいは人工物なら身の回りから排除できると考えられるからかもしれません．

6.4　有害物質によるリスク

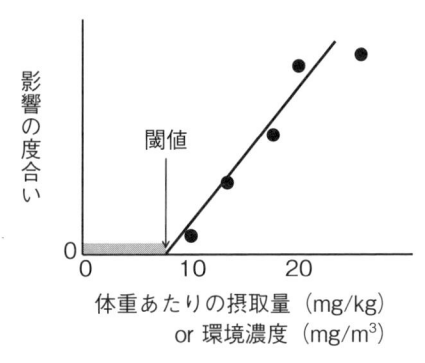

図 6.2　一般毒性の用量―作用関係

軸は影響が出る人の割合と考えてもよいですし，個人にとっての影響の強さとも考えることができます．いずれにせよ，用量が増えれば有毒性の作用も大きくなり，逆にある値以下の摂取量ではまったく影響がないということです．ですから，摂取量を影響の出ない範囲に管理できれば，その化学物質の有害性が及ぼすリスクは無視できるということになります．このように，観測される現象があるところを境にして様変わりする境目の値を閾値といい，化学物質の有害性が出ない範囲での最大の摂取量を，無影響量あるいは無作用量（正確には最大無作用量，あるいは最大無影響量）といいます．

用量―作用関係は動物実験や疫学調査によって求められます．動物実験ではラットやマウスなどを対象に餌や飲み水，呼吸する空気に試験対象物質を混入させたり，体内に直接投与（注射など）したりして，所定量を摂取させ，影響を観察します．摂取量は単位期間（1日，1週間など），単位体重（kg）あたりで設定し，生物の大きさなどの違いを規格化して比較可能にします[5]．疫学調査とは，多数の集団を対象にして病気の発症の原因を統計的に調べる研究です．例えば喫煙と発がんの関係や，生活習慣病など多くの疾病の原因が疫学調査で明らかになっています．

---

[5]　体重あたりだけでなく，表面積あたりや血液量あたりでもありえますし，成長速度や寿命で補正することもあります．

第6章 環境リスク

有害性の現れ方は，生物種によって違っている場合が多くあります．例えば，人間が食べることができない雑草をウシやウサギは平気で食べています．ダイオキシンの半数致死量は，ラットとマウスでは約1,000倍違います．また，同じ人間の中でも有害物質に対する感受性に個人差があります．したがって，閾値が求められても，そのまま許容摂取量と見なすのは危険です．子供と大人でも違いますし，同じ人でもその日の体調によって違うはずです．

6.4.3 許容摂取量

動物実験や疫学調査によって求められた最大無影響量には不確実性を含むので，安全側を見込んでそれより小さな値を許容摂取量として定めます．具体的には最大無影響量を不確実係数という係数で割ります．その大きさは10や100，1,000であり，実験動物と人間との種間差，人間の個人差，実験の確からしさなどを考慮して大きさを決めます[6), 7)]．

$$許容摂取量 = 最大無影響量 / 不確実性係数 \quad (6.1)$$

図6.3に，前に示した用量—作用関係における許容量設定の考え方を示しました．

例えば，体重100gのネズミで1日1mgの経口投与で毒性が現れたとしましょう．この投与量を人間に適用するため，まず体重あたりの摂取量（投与量）に換算して，10mg/kg—体重/日となります．次に，不確実係数を100とすれば，許容摂取量は0.1mg/kg—体重/日と評価できます．

こうして求められた許容摂取量を実際の摂取量が下回れば，ひとまず安全，つまりリスクを無視できると判断できます．上回ればもっと詳細なリスク評価

---

6) 種間差で10，個人差で10といったように，上記のような不確実要因ごとに5や10などの値を設定し，それらの掛け算で求めます．

7) 「許容」という言葉のほかに「耐用」という言葉も使われます．前者はリスクを承知で摂取する場合，後者はやむを得ず摂取する場合に使われるようです．そのほかに，「参照（基準）用量」といういい方をされる場合もあります．

6.4 有害物質によるリスク

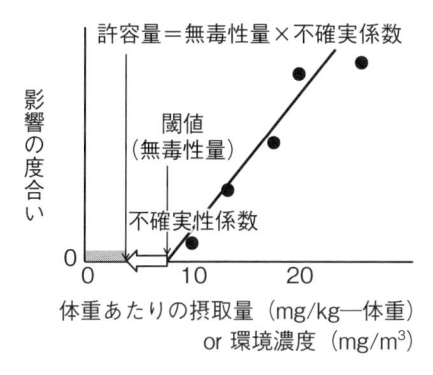

図6.3 用量―作用関係における許容量の考え方

が必要であり，場合によってはその化学物質の使用を制限することにもなります．この判定のために，次式のようにハザード比(HQ)が定義されます．

$$\text{ハザード比(HQ)} = \text{実際の摂取量} / \text{許容摂取量} \tag{6.2}$$

6.4.4 発がん性物質の実質的安全性

ところが，発がん性については異なった取り扱いが必要になります．それは，発がん性に関しては閾値が存在しないと考えられているからです．がんは，単純化すれば，放射線のような強いエネルギーやある種の化学物質が細胞のDNAを傷つけ，DNAのもつ遺伝情報が書きかえられた結果，異常な細胞が増殖することになって発生すると考えられています[8]．したがって，放射線が1回当たっても，発がん性のある化学物質が1分子接触しても，がんになる可能性がありますし，それらが素通りしてDNAと反応せずに済む可能性もあります．発がん性に関する用量－作用関係を模式的に描くと，**図6.4**のように

---

[8] 詳しく見れば，発がん性物質に中には，このようにがん細胞を発生させるものと，いったんがん化した細胞を増殖させる働きをもつものがあるといわれ，後者についてはその作用に閾値が存在します．これは傷ついたDNAの修復する能力があるためといわれます．

第 6 章　環境リスク

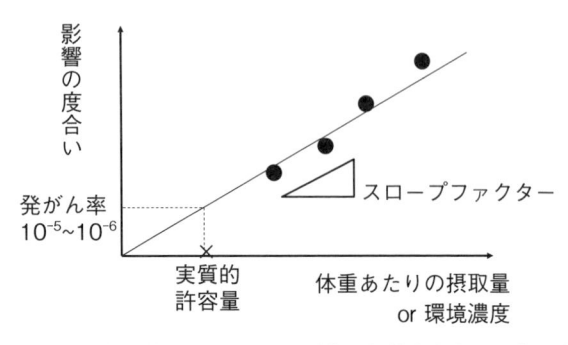

図 6.4　発がん性物質の用量―作用関係と実質的許容量設定の考え方

なります．この図での縦軸はがんを発症する人の割合を示します．**図 6.2** の一般毒性の場合のような閾値がないので，用量をゼロにしない限り安全ということはありえません．

しかし，自然界には発がん性物質があふれています．太陽光，宇宙や地中からの放射線，肉や魚を焼いた焦げ目，私たちが呼吸によって体内に取り込む酸素も体内で活性酸素になり発がん性があるといわれています．私たちは発がん性物質に曝露されながら生活せざるを得ません．そこで，**図 6.4** の破線で示すように，発がん性を有する物質を利用することによって増加するがん患者数（「過剰発がんリスク」といいます）がある一定のレベル以下であれば許容すると考え，実質的な許容量とします．発がん性物質の用量作用関係の傾きをスロープファクターとすると，次のような関係式が表されます．

$$\text{過剰発がんリスク} = \text{スロープファクター} \times \text{曝露(摂取)量} \quad (6.3)$$

$$\text{許容過剰発がんリスク} = \text{スロープファクター} \\ \times \text{実質的許容曝露(摂取)量} \quad (6.4)$$

許容過剰発がんリスク，つまりその化学物質を利用することによって一生のうちに発がんする確率をどこまで増加するのを許容するかというレベルとしては，10^{-5} から 10^{-6} のレベルが採用されます．つまり 10 万人から 100 万人に 1

6.4 有害物質によるリスク

人がん患者が増えるということで，10万分の1増えるということは，日本人の人口約1.2億人のうち15人がん患者が増えるのに相当します．年間で交通事故死者が5,000人，自殺者が30,000人を超えることを考えれば，十分少ないといえるのではないでしょうか[9]．

ベンゼンの経口発がんスロープファクターとしては，$1.5 \times 10^{-2} \sim 5.5 \times 10^{-2}$ (mg/kg―体重/日)$^{-1}$という値が報告されています[10]．そこで中央値の3.5×10^{-2}(mg/kg―体重/日)$^{-1}$を採用すると，発がん率を10万人に1人(10^{-5})にするには，ADを実質的許容摂取量として，

$$10^{-5} = 3.5 \times 10^{-2} \times AD$$

であり，AD = 0.000286mg/kg―体重/日　が実質的許容摂取量として求められます．

6.4.5 曝露評価

6.4.3，6.4.4の考え方によれば，毒性が強い物質であっても，実際の摂取量を許容摂取量以下に管理できれば問題はないということになります．となる

---

[9] 動物実験や疫学調査によって，発がん性の用量作用関係を得るのは実は容易ではありません．例えば，ネズミを使った動物実験で10万匹中に1匹がんになる摂取量を見つけようとすれば，少なくとも10万匹のネズミに同一の条件で実験をしなくてはならず，ネズミの個体差を考えれば，その10倍の実験数が必要となります．したがって，現実にはもっと発がん率の高い摂取量で実験を行い，それ摂取量ゼロ（つまり発がん率ゼロ）に向かって外挿することが行われます．これを低曝露量外挿といいます．10万匹中に1匹がんになる摂取量は，実際に実験値として得られているわけではありません．また，その場合，摂取量と過剰発がん率は比例関係にあるとするモデルを使って外挿を行うのが一般的ですが，それ以外にもさまざまなモデルが提示されています．ここにも不確実性がついてきます．

[10] この値の出典はアメリカ環境保護局(US-EPA)のIRIS(Integrated Risk Information System)
http://cfpub.epa.gov/ncea/iris/index.cfm?fuseaction=iris.showQuickView&substance_nmbr=0276
によります．1.5×10^{-2}(mg/kg―体重/日)$^{-1}$とは，仮に体重1kgの人が毎日平均1mg継続的に摂取すれば，発がん率が1.5×10^{-2}だけ高まるということです．

第 6 章　環境リスク

と，このようなリスクの評価および管理には，有害性だけでなく摂取(曝露)量を的確に評価することが重要になります．そのためには，図 6.5 のような化学物質が環境へ排出されてから人に摂取されるまでの環境中での経路と挙動を知り，さらに人がその環境や食品にどれだけ暴露されたり摂取したりするかを把握する必要があります．つまり人や野生生物が摂取する食物や空気，水のなかにどんな物質がどんな濃度で含まれているのかを知る必要があり，実際にその濃度を測定するか，何らかの方法で予測しなければなりません．予測には，過去の類似例から推測する方法と，その物質が排出源からどこへ，どれだけ放出され，環境(大気，水，土壌，生物)のなかでどのように流れに乗って移動し，希釈あるいは濃縮され，分解したり他の物質と化合したりして形態を変え，最終的に人や野生生物の体内にとり込まれることになるのかという過程を明らかにして，シミュレーションを行う方法があります．このような環境中での化学物質の挙動を環境運命や環境動態といい，汎用的な数理モデルやシミュレーションソフトウェアがいくつも開発されています．

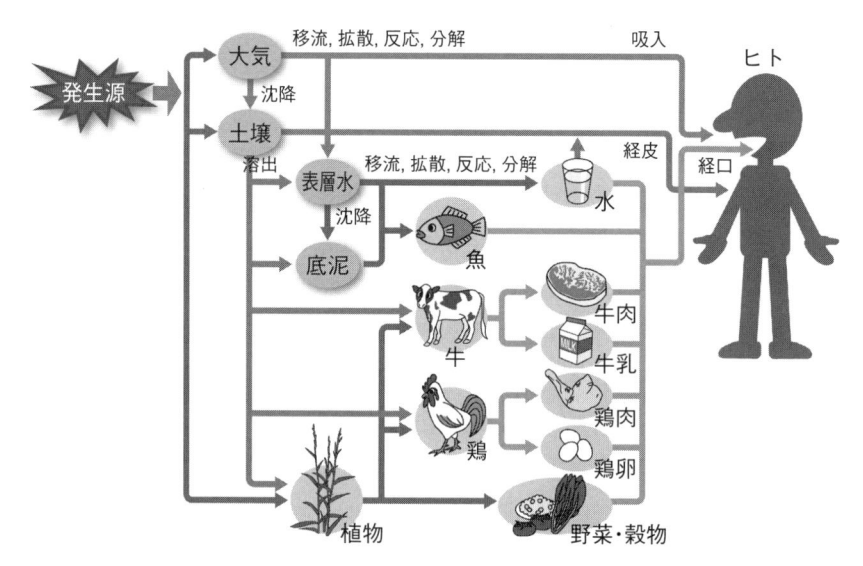

図 6.5　汚染物質が環境へ放出されてから人間に摂取されるまでの経路

前にも示したように，ベンゼンの経口発がんスロープファクターとして3.5×10^{-2}(mg/kg—体重/日)$^{-1}$を採用すると，体重1kgあたり毎日0.001mgのベンゼンを摂取する場合，一生涯で3.5×10^{-5}の発がんリスクの増加があることになります．つまり，$1/(3.5 \times 10^{-4}) = 29,000$人に1人ががんになることになります．普通はこの発がん確率ですと，人の生命に対するリスクとして容認するわけにはいきません[11]．

6.4.6 生態系リスク

化学物質の管理としては，人の生命や健康に関するリスクだけでなく，生態系の保存も重要な課題です．その理由としては，表6.1に示すような生態系サービスと呼ばれる機能によって，人類は生存や社会およびその文化の持続性が支えられているからです．

生態系にはさまざまな生物が存在し，お互いに有機的な関係をもちながら恒

表6.1 生態系サービスの例

供給	食糧，水，燃料，材料の供給
調整	気候制御，病気の蔓延防止，水の浄化
支持(基盤)	一次生産，土壌の形成，養分循環
文化的	風景による安らぎ，宗教・文化などの精神的背景

---

[11] 現実の生活で摂取量を把握するのは簡単ではなく，大気や水などの濃度で管理する方が実際的です．そこで，呼吸や水分摂取のように大体の量が人によらず一定と見なせる場合は，空気や水の中の濃度で代用するのが便利です．例えば，水中の物質の場合，
　　　摂取量＝水の摂取量×水中濃度
ですので，
　　　ハザード比(HQ)＝実際の摂取量／許容摂取量
　　　　　　　　　　＝実際の水中濃度／許容水中濃度
発がん性に関しては，
　　　過剰発がん率＝(スロープファクター×水の摂取量)×水中濃度
ここで，(スロープファクター×摂取量)を，「ユニットリスク」といい，
　　　過剰発がん率＝(ユニットリスク)×水中濃度
という関係が一般に用いられます．

常性を維持していて，1つの生物種が何らかの理由でいなくなると，生態系を大きく変えてしまう可能性があります．したがって，生態系保存のためには，生態系を構成する生物種の絶滅を防止することが重要となり，そのような事態を生じる化学物質の環境への放出を規制しなければなりません．

　化学物質に起因する生態系リスクの評価指標としては，野生生物の絶滅リスクとして，ヒトの生命・健康に関するリスクと類似のハザード比が用いられることが一般的です．

$$HQ = 環境濃度／無影響濃度 \tag{6.5}$$

　ここで，無影響濃度として，生態系の中のどの生物種に対する影響をみるかが大きな問題となるので，子孫を残す能力への影響や抵抗力の弱い仔の生存率への影響を評価基準にする場合が多く見られます．

6.4.7　安全と危険の二分

　さて，これまで本節で述べてきた化学物質の環境リスク評価・管理方法は，実質的な安全性を確保するための方法でした．発がん性は本質的に危険と安全の二分ができないにもかかわらず，実質的な許容レベルを設けて管理しています．これはせっかくリスクという言葉を使いながら，リスクの本質を覆い隠しているように見えます．

　リスクの大きさを定量的に評価し，複数のリスクの間での重大性の比較や，リスク削減幅とそれに必要なコストとの比較をしてみたいものです．発がん性については過剰発がん率として確率で評価できるので，発生確率と影響の大きさ（この場合は発がんという影響）との積としてのリスクの大きさを表すことができますが，一般的な非発がん毒性についてはそうはいきません．そこで，摂取量の分布を考え，影響を受ける人の割合，そして発症率を推定する試みがなされています．さらに，発がん，非発がんともにリスクの大きさを寿命の短縮（「損失余命」）や経済的損失に換算しようという提案もあります．詳しくは章末の「もっと勉強したい人のための参考文献」を見てください．

不確実性が大きな情報に基づく意思決定では，安全側に判断する（仮に間違っても，結果的にリスクの大きめに推定する）のが，現実的に受け入れやすいのは間違いないでしょう．ひとまずの安心を得るためには妥当と思われますが，それでも決して100%安全というわけではないことを認識し，定性的であってもメリットや他のリスクとの兼ね合いを考えてほしいところです．

6.5 おわりに

本章では，さまざまな要素がある環境リスクの中で，化学物質汚染による人の健康および生態系のリスクについて，化学物質の用量作用関係に基づくリスク評価方法を中心に解説しました．また，その評価に基づいて，安心を得るための環境基準や安全基準の設定方法に繋がる考え方も紹介しました．環境リスクとはいいながら，食のリスクも含んだ内容です．

望ましい環境を獲得するためには，まずリスクを発見し「想定の範囲」に入れることが大事です．想定できないことに関してはリスクの評価のしようがありません．そのためには，環境中で起きる現象についての科学的理解を深めることが欠かせませんし，そもそも環境として何を守らなければならないのかについての考え方を整理することも欠かせません．

演習問題

問題1． 水銀の一週間あたりの許容摂取量は$2.0\,\mu\mathrm{g/kg}$―体重／週とされている．日本人の平均的な食生活では，実際の摂取量は$0.17\,\mu\mathrm{g/kg}$―体重／日である．平均的な日本人は水銀摂取のリスクを心配すべきか？

問題2． わが国ではガソリン中のベンゼン濃度の規制が2000年から強化されたが，それ以前はガソリンスタンド周辺などでのベンゼン摂取による健康リスクが危惧されていた．ベンゼンの吸入発がんユニットリスクを$5.08\times10^{-6}\,(\mu\mathrm{g/m^3})^{-1}$とすれば，大気中ベンゼン濃度が$4.0\,\mu\mathrm{g/m^3}$の環境で生活する人の過剰発がんリスクはどれだけになるか？

第 6 章 環境リスク

もっと勉強したい人のための参考文献

　本章で紹介したことをもとに，化学物質の毒性，環境中での化学物質の挙動，生態系へのリスクとヒトの健康へのリスクとの比較，天然生物資源の管理方法，環境基準や安全基準の設定方法，化学物質の環境リスク管理のための社会的制度などに関心を深めてほしいと思います．そのために参考になる図書の例を紹介します．

① 中西準子，蒲生昌志，岸本充生，宮本健一編：『環境リスクマネジメントハンドブック』，朝倉書店，2003

　科学的知見から経済的分析，技術的対策，法的仕組みまで網羅されています．

② 中西準子，益永茂樹，松田裕之編：『環境リスクを計算する』，岩波書店，2003

　環境リスクを計算する手順が実例をもとに紹介されています．

③ 松田裕之：『生態リスク学入門』，共立出版，2008

　リスクの考え方がすっきり示されているうえに，生態系リスクや生物資源管理の実例がわかりやすく解説されています．

④ 環境省：「リスクコミュニケーションのための化学物質ファクトシート 2011 年版」

　http://www.env.go.jp/chemi/communication/factsheet.html

　化学物質の用途，排出・移動，環境中での動き，健康影響及び生態影響について詳しいデータが記載されています．

⑤ 岡敏弘：『環境政策のリスク便益分析』

　http://www.s.fpu.ac.jp/oka/ws9901j.pdf

　環境に関するリスク・ベネフィット分析についてよく整理されています．

第 7 章

情報リスク

> 本章では，まず情報の本来的な意味を確認し，情報化社会におけるリスクを振り返ります．そのうえで，情報通信技術の特徴を踏まえ，その発達に伴うリスクの拡大と対策について，不正侵入，情報漏洩，システム障害，サイバーテロなどを例に紹介します．

7.1 情報とリスク

7.1.1 情報が生み出すリスク

　織田信長は桶狭間の戦いで奇襲によって今川義元を破り，天下統一へ進みだしたといわれます[1]．司馬遼太郎の小説『国取り物語』では，このとき一番の手柄だと信長が賞賛したのは義元の本陣の動静を知らせた簗田政綱であり，信長が情報の価値を高く評価していたことを示しているとされています．逆に今川側から見れば，情報管理の甘さが避けるべき事態を招いた，つまり情報リスク管理に失敗したというべきでしょう．日本の歴史は一つの情報によって大きく変わったのです．

　休んでしまった授業で試験範囲が通知され，それを友達から聞きそびれてしまったために試験に失敗してしまうというのも，情報に関するリスクといえます．

　リスクは意思決定に伴って生じ，意思決定はなんらかの情報に基づいてなされます．とすれば，リスクは情報の不確実性によって発生し，あらゆるリスク

---

1) 最近は奇襲ではなく，正面から攻撃を仕掛けたという説も有力視されています．

第7章　情報リスク

マネジメントには情報のマネジメントが大きな要素として含まれることになります．さらに，最近では情報が多いがために適切な対応がとれないというリスクも多くなっています．

また，近年は情報通信技術(以下「IT技術」と略します)の発展によって，情報の扱い方が大きく変化しています．そもそも情報がもっていたリスクの源(ハザードとしての性質)がさらに大きく影響を及ぼすようになり，しかも従来あまり経験をしていないようなリスクが出現するようになっています．本章では，まず情報の一般的特徴から生まれるリスクを振り返ったうえで，IT技術によるリスクの拡大とその対策について考えていきます．

7.1.2 「情報」とは何か

さて，そもそも情報とは何でしょうか？　さまざまな定義がありますが，ここでは意思決定に影響を与えるもの，さらに集団の中で意思決定をし，その結果を共有するコミュニケーションの媒体としての役割が重要であることを指摘しておきます．したがって，情報は人間社会を成り立たせる重要な要素です．戦争や市場競争で見られるように，情報の的確さが(そのあとの判断の的確さ以前に)行動の結果の優劣を左右します．したがって，企業においては情報が経営のための重要な資産ともいえます．自社の財務，人事，顧客，戦略，技術などの情報だけでなく，協働あるいは競合他社の情報も重要です[2]．

情報は物質やエネルギーのような物理的存在ではないので，保存則が成り立ちません．つまり，刻々とその量と内容を変えていってしまいます．また，情報は人の意思に働きかける「意味」をもちます．この「意味」は誰にでも同じというわけではなく，一人ひとりによって違ってくることがあります．むしろ互いが100%完全にわかり合うことはありえないといっていいでしょう．そのために，情報の送り手とその受け手の間で情報の変質(つまり意味の変化)が生

---

[2] 従来は経営のための資源として，人，モノ，カネの3つがあげられていましたが，近年ではこれに情報を加えるのが一般的です．

じます．意味は価値を生みます．つまり，情報は価値を生み，しかも受け手によってさまざまな価値になります[3]．場合によっては，ある情報が価値のないものと判断され消滅させられるということも起こります．

そもそも，人間が知ることができることは不完全で不確実ですので，それが伝わる過程でも不確実性が増していきます．すなわち，情報が伝わる過程では，リスクとなる要素が増えていく宿命にあるのです．

7.1.3 情報化社会のリスク

情報化社会という捉え方は，1963年に出版された梅棹忠雄の『情報産業論』に始まるといわれます．その後ダニエル・ベルの『脱工業社会の到来』(1973)やアルビン・トフラーの『第三の波』(1980, 和訳1982)などの有名な書物が出版され，18世紀からの産業革命に対比して情報革命の進行として，その影響などが広く議論されてきました．情報化社会とは，おおまかにいえば，情報の経済的価値が高まり，情報メディアの発達が経済や産業だけでなく社会文化的な変化を導き出すというもので，初期の議論においてはテレビなどのマスメディアが情報伝達の主体でした．

そこでは，情報を商品として扱うことが第1次，第2次産業に代わり新たな産業として拡大し，世界中で情報が瞬時に共有でき，平等で民主的な社会が実現するという夢が語られました．しかしその一方で，気づかないうちに監視されつづける社会，情報が寡占され価値判断を誘導される社会，文化的多様性が失われる社会，貧富格差の拡大した社会などがネガティブな可能性として指摘され，まさに情報の産業化によって生じるリスクが予見されてきました．

1990年代以降の，高速大容量化したコンピュータやマイクロチップやメモリーを組み込んだ機器，さらにインターネットの普及によって，情報化社会は急進展し，それに伴って情報リスクも拡大しています．このことについては次節で詳しく見ていきます．

---

[3] だから，情報が取引(商売)の対象となるのです．

7.2 IT 技術とリスク

7.2.1 IT 技術の発展

1990年代から急激に発達・普及した IT 技術は情報のリスク化を加速しました．2005年に提唱された Web2.0 [4] がその特徴をさらに強めてきました．IT 技術の急速な普及の例としてインターネット利用者率の推移を図7.1に示します．国民の半数以上がインターネットを利用するようになって10年になり，今や80％が利用しています．以下にまず IT 技術の特徴を見てみましょう．

ハードとしては，演算速度が速く，大きな記憶容量があるコンピュータが小型化され，個人レベルにまで普及し，またそれらを繋ぐ光ファイバーや無線LAN などによる高速の通信回線（インターネット）が整備されたこと [6]，ソフ

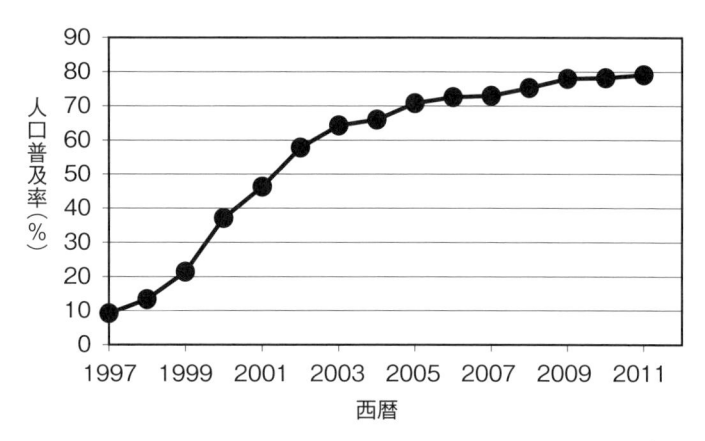

注）総務省：『通信利用動向調査』のデータ [5] をもとに作成した．ただし，2000年以前は調査対象年齢が異なり，厳密にはデータは連続していない．

図7.1 インターネット利用人口普及率の推移

---

4) Web2.0 の特徴を西垣（西垣通：『ウェブ社会をどう生きるか』，岩波書店，p.51, 2007）は「一般ユーザを共同開発者とみなし，衆知をあつめて巨大データベースを構築し，パソコンではなくウェブをベースにして，具体的にはウェブ閲覧ソフト（ブラウザー）の上で多様なアプリケーション・サービスを提供しよう」とすることだとしています．

5) 総務省：「通信利用動向調査」
http://www.soumu.go.jp/johotsusintokei/statistic/data/120530_i.pdf（2012.12.25参照）

トとしてはまずさまざまなデータのデジタル化，圧縮技術などにより通信速度が向上し，電子メールや静止画像，動画の配信が容易となり，Web における検索機能の充実，Web2.0 による双方向性の充実，さらに SNS，クラウドと，いつでもどこでも使用できるというユビキタス化が進められています．

このような IT 技術の発展は，ネットショッピングやネットバンキングなど日常生活にかかわる業務形態を変革してきただけでなく，一般の人の目に見えない交通機関や電力などの運用システムも支えるようになりました．また，東欧や北アフリカ諸国の民主化など社会体制の変革にも大きな寄与をしたといわれます．

7.2.2 IT 技術の特徴

これらの IT 技術の発展がもたらしたのは，さまざまなデータの大量かつ高速な生成・複製・流通です．また，それらの情報が流通するインターネットが従来のメディアと大きく違う点に，情報検索の容易性，双方向性，非対面性，匿名性があります．ここではインターネットがもたらした変化のネガティブな一端を見てみましょう．

(1) 情報検索の容易性―新しいビジネスモデル

インターネットが生み出したサービス，たとえばショッピングサイトやネットオークションは，人々の購買活動を変えました．また，ネットゲームという新しい娯楽も誕生しました．そして，自分が慣れ親しんだ生活とは違う生活が世の中に存在することを知ることもできます．仕事の面でも，出先からの連絡や書類のやりとりも瞬時に行えるようになり，労働形態の変化を引き起こしています．そもそもインターネットに限らず，IT 技術によって従来からのモノづくりや商売のやり方も変わりました．それによる勝者と敗者も生まれています．

---

6) 初期においては主に電話回線を利用していて，通信速度に大きな制約がありました．

(2) 双方向性―情報爆発と民主主義

インターネットの普及によって，従来は専門家や行政が情報発信の主体であったのが，一般大衆も情報の発信者となりつつあります．ということは，情報の価値を従来は発信者が判断していたのが，受信者も発信者となる形でさまざまな判断基準で多様な情報が発信されることになり，その結果生まれる爆発的な量の情報の中から，受信者が各自の個人的な価値判断に基づいて取捨選択をするようになります．このことは発信者優位の関係から発信者受信者平等の関係に移ることであって，極めて民主的な手続きともいえますが，逆に確固とした価値判断基準をもたない人々に対しては，世論操作が容易となる可能性も増えてきたといえます．また，個人的な思い込みによって特定の情報に縛られてしまう危険性もあり，さまざまな価値観を伴う情報が大量に流通する中で，それを巧みに操作する発信者に大多数の人がコントロールされる危険性も強くなっています．風評被害もその流れのひとつの現れと考えられます．

(3) 非対面性と匿名性―悪意への無防備

伝統的な対面コミュニケーションでは，言語情報以外に同時に表情，口調，ジェスチャーで意味を補っていました．しかし，電子媒体を使った間接コミュニケーションの激増は，そのような対面関係の希薄化につながり，しかも匿名であることによって相手の立場に立った行動意識が希薄になり，無責任な情報発信になりがちです．インターネットは，元来は性善説で運営され，商業利用がまったく想定されていなかったため，基本的にコストがほとんどかからないうえに，上記のように非対面でしかも匿名で発信できることから，無責任な，あるいは悪意のある利用を止められません．その結果として，ハッカー・クラッカーなどシステムを破壊することを目的としたり，それによって利益を得ようとしたりする人たちが現れてしまいました[7]．

---

7) もともとハッカーとは技術に関する深い専門的知識を有する人のことをいい，犯罪的な行為とは関係ありませんでした．クラッカー(cracker)やギーク(geek)というのがより正確ないい方です．

7.2 IT技術とリスク

　さらに，情報には無体物としての特性から所有権や製造責任が曖昧であると同時に，いくらコピーしてもオリジナルはなくならないという特性があります．デジタル化によってコピー過程や保存中の劣化がほとんどなくなり，さらに複製は容易になりました．それが上記のようなインターネットの特徴とあいまって，著作権など知的財産権の保護に関する意識が甘くなっていることも見逃せません．

　悪いとはいえませんが，IT技術に関する基本的知識が十分ではない人々が安易にインターネットを利用し，個人的にあるいは社会的に不適切な情報を流してしまうリスクも増えています．

　もちろん，インターネットがもたらした変化はこれらだけではありませんし，上記の項目は互いに関連しあっているところがあります．

　また，インターネットに限らず広くIT技術が作り出した変化もあります．ITへの依存度が高まり，IT機器が期待したとおりの働きをしなければ，意図した行動ができずにお手上げになってしまうケースも増えています．システムが複雑化し，ブラックボックス化することによって，ハードウェアの故障，ソフトウェアのバグ，システム管理上の過失，悪意の攻撃などに対する脆弱性が高まっているといえます．

7.2.3 ITリスクの例

　一般に「情報セキュリティ」とは，情報資産全般の機密性，完全性，可用性を確保することといわれています[8]．ここで，機密性とは，「情報にアクセスすることが許可された人間だけが情報にアクセスできることを確実にすること」であり，完全性とは，「情報及び処理方法の正確さおよび完全である状態を安全防護すること」，可用性とは，「認可された利用者が，必要な時に情報にアクセスできることを確実にすること」とされています．JISの用語定義によ

---

[8] 総務省：「国民のための情報セキュリティサイト」
　http://www.soumu.go.jp/main_sosiki/joho_tsusin/security/index.html（2012.12.25 参照）

第7章　情報リスク

れば，「情報又は情報処理設備にかかわる機密性，完全性，可用性，否認防止，責任追跡性，真正性並びに信頼性の定義付け，達成及び維持に関連したすべての側面」とされています[9]。

また，佐々木は従来からのインターネットを中心にした情報セキュリティに，機器の故障やヒューマンエラーなどを加えて「ハードウェア，ソフトウェア，ネットワークから構成されるITシステムにおいて広い意味での安全性が損なわれる可能性を「ITリスク」と呼んでいる」と「ITリスク」を定義しています[10]。

ここでは，IT環境における情報にかかわるリスクについて，情報に関する権利，情報を流通させるシステム，そして情報にかかわる人権に分けて考えてみます．

(1)　情報に関する権利のリスク

まず，不正侵入に関することから始めましょう．第三者の介入によって情報セキュリティの機密性，完全性，可用性が脅かされる危険性が増えています．すなわち，ホームページを書き換えられたり，パソコンに格納された個人情報・企業秘密・国家機密などに関する情報（ファイルなど）を抜き取られたり，パソコンのアプリケーションなどのシステム機能を破壊されたりする，所有権や使用権，独占権の侵害です．

このような不正な侵入の手口としては，ウィルスに感染させるのが一般的です．ウィルスは，他のファイルに寄生して，コンピュータに異常な働きをさせたり，データを流出させたりします．メールの添付ファイルとして送りつけられたものを開封してしまったり，Webサイトのボタンをクリックすることによって感染します．そのほか，正常なメールを装い，何回かやり取りを重ねる

9）経済産業省産業技術環境局，2012，
　http://www.jsa.or.jp/stdz/instac/kokusaikikaku/yougo/ISOIEC%20JTC1-JISyougo_hajimeni(21.12.01).html(2012.12.25 参照)
10）佐々木良一：『ITリスクの考え方』，岩波書店，2008

7.2 IT技術とリスク

うちに脆弱性を読み取り，標的用にカスタマイズされたウィルス付きの添付ファイルを送りつけて感染させるといった巧妙な手口もあります．

また，自分の知らないところでマーケット担当者や治安担当者に個人情報が把握され，プロファイリングされているかもしれません．例えば，パソコンやスマートフォンを使わなくても，鉄道のICカードやクレジットカードの利用歴を追跡すれば，持ち主の行動だけでなく嗜好まで解析できてしまいます．ITによって行動の自由を得ていると思える一方で，さまざまな情報が本人の気づかないうちに収集され，いわば監視されるリスクもあるのです．他には，ショッピングサイトなどを装ったサイトに誘導し，口座番号や暗証番号などを盗み取るフィッシング詐欺もこうしたものの一種です．

2012年には，不正侵入した他人のパソコンを乗っ取ったうえで，そのパソコンの所有者には気づかれずに脅迫などの犯罪的メールを送信する遠隔操作事件も発生しています．

また，情報の外部への流出の原因としては内部者の過失(Winnyのようなファイル交換ソフトの利用など)，あるいは意図的な不正もありえます．前者の予防のためにノートPCや外部メモリーの社外持ち出しを禁止している企業もあります[11]．

(2) システム運営上のリスク

ネットワークシステムの機能を混乱させることを目的とした攻撃として，大量のメールを集中的に特定のサーバに送りつけてシステムダウンを起こさせることは，DoS攻撃と呼ばれています[12]．

情報を盗み出すウィルスは前項で紹介しましたが，プログラムを書き換え，

---

[11] ウィルスの特徴として，自己複製機能があり増殖して他のコンピュータへ伝染していくということがあります．また，ウィルスと似た働き(悪さ)をするものにワームがあります．ワームはファイルに寄生する必要がありません．また，トロイの木馬と呼ばれるものもこれらの一種ですが，自己複製機能がありません．

[12] ボットネットからのDoS攻撃を特にDDoS攻撃(分散型サービス妨害攻撃)といいます．

システムを混乱させることを目的にしたウィルスも存在します．

また，特に大規模なシステム障害は，機器ハードの故障によっても，人為的なミスによっても発生します．停電や自然災害によるリスクは容易に想像できると思います．

システム開発にあたって，コーディングをはじめ仕様設計までを実行するのは人間であり，人間にミスはつきものですから，ゼロリスクはありえません．2011年3月に起きた，みずほ銀行のシステム障害はその典型的な例です．また，日常的な運用にあたっても人間のミスは必ず起こります．2005年12月には「61万円で1株の売り」を「1円で61万株の売り」と取り違えて誤発注し，株式市場を混乱させた事件がありました．

企業に対して外部からしかけるのがサイバーテロ，国家機能を対象とすればサイバー戦争といわれます．真偽は明らかではありませんが，すでに国家間でサイバー空間での破壊行為が行われているといううわさもあるようです[13]．

(3) 人権に関するリスク

IT技術の発展は世界のフラット化を実現し，地域間格差の解消に役立つともいわれる一方で，IT機器の操作に馴れない人々は，デジタルディバイドとよばれる情報から隔離された弱者の立場に陥ってしまうという不平等性がもたらされる可能性が指摘されています．

ブログ炎上などに見られるような，過剰で不当な一方的な批判を受けてしまうことも，IT環境における対人関係処理手段がまだ成熟していないことの表れと考えられます．

2011年冬にはカンニングなどの不正行為にインターネットが利用されていることが発覚しましたが，これは公正な競争に参加できるという他の受験生の権利を侵害しているから不当なのだと考えるべきです．

その他に，IT環境によって好ましくない事態が生じる可能性（リスク）とし

[13) たとえば，土屋大洋：『サイバー・テロ』，文藝春秋，2012を参照．

ては，ポルノ，自殺勧誘や，麻薬販売のような反社会的活動のサイトが誰にでもアクセスできるように運営されていることも社会的な問題となっています．

7.2.4 ITリスク対策

　刑法，著作権法，個人情報保護法，電波法などの従来からの法体系に加えて，新たなリスクに対応するための法律も制定されています．他人のパスワードなどの利用を禁止し，アクセス権のないコンピュータへのアクセスを犯罪と定義した「不正アクセス行為の禁止等に関する法律」(不正アクセス禁止法)(1999成立，2000施行)，迷惑メールの防止を目的とした「特定電子メールの送信の適正化等に関する法律」(特定電子メール法)(2002施行)，掲示板上での人権保護を目的とした「プロバイダ責任制限法」(2002施行)などがその例です．また，国際的にもサイバー犯罪防止国際条約(ブダペスト条約)が2001年に採択されたほか，2009年ローマと2011年ドーヴィルのG8サミットでも，最終宣言に「情報セキュリティ」の要点が盛り込まれています．民間企業などの組織における情報セキュリティ対策としては，内部統制の一環としてJIS Q 27002 : 2006にPDCAの原則に従ったマネジメント方法が示されています．しかし，このような法令のような規制は技術の急速な進歩に必ずしも追いついていけていないのが現状です．

　技術面での対策は，その提供サービスが営利活動にもつながるので，むしろ活発に進んでいます．暗号化による機密性の確保，不正侵入の防止のためのファイヤウォールあるいは暗証番号や生体識別による認証，ワクチンによるウィルス・ボット駆除，OSやアプリケーションの最新バージョン化，意図しない情報の喪失に備えたバックアップの確保，有害なサイトへのアクセスを規制するフィルタリングなど，すでにさまざまな商品が提供されていますし，ネットワーク認証技術，モニタリングシステム，IPトレースバック技術，認証基盤技術などの開発が進められています．技術というよりも日頃の心構えとして，不特定多数が使用するパソコンでのセキュリティ対策，情報漏洩を防ぐためのPCやメモリーの管理，情報資産の安易な放置・廃棄への注意，不審な

メール開封の注意なども重要です．ネットワーク上でのエチケット（ネチケット）やプライバシー保護，著作権など知的財産権保護の教育も欠かせません．

ITリスクはインターネットやコンピュータを使わなければ生じませんが，それらを使わないでいること自体がリスクを生みます．リスクマネジメントに共通することですが，リスクとメリットのバランスを的確に判断することが大事といえます．

7.3　本当に恐れるべき情報リスクは

本章の最後に，まとめに代えて，本文中では触れることができなった情報リスクについて触れます．むしろこれらの方が，これからますます大きな問題になる可能性がありますし，今までのIT技術の発展過程に立ち会わなかった若い人たちには切実に思えるかもしれません．

まず個人のレベルでは，ゲームや情報の閲覧に時間を浪費したり，他者との「つながり」がないことを過剰に避けようとしたりするIT依存症や，何でもネットで検索すればよいと考え，自分の頭脳を鍛えようとしないことなど憂慮すべき傾向が見られます．また社会のレベルでも，システムへの依存性が強くなりすぎると連鎖的な暴走を招くという指摘がされています[14]．

そして何より，これからも予測不能で制御不能な社会の急激な変容が起こり得ることです．情報通信技術に限らず一般的に新しい技術の導入にはリスクを伴います．技術の社会における受容性と副作用とに関する想像力を養っていってほしいと願います．

演習問題

2011年4月に発生したソニーの個人情報流失事件について，経緯を踏まえて原因と対策を調べなさい．

---

[14]　ウィリアム．H.ダビドウ，酒井泰介訳：『つながりすぎた世界』，ダイヤモンド社，2012

7.3 本当に恐れるべき情報リスクは

もっと勉強したい人のための参考文献

本章の前半で述べた情報と社会の関係について，および後半のリスク対策に関しては，それぞれ多くの書籍がありますが，参考文献にもあげた

① 西垣通：『ウェブ社会をどう生きるか』，岩波書店，2007
② 佐々木良一：『ITリスクの考え方』，岩波書店，2008

をまず薦めます．さらに，ITに限らず，先端科学技術と社会との関係のあり方については，

③ 調麻佐志，川崎勝：『科学技術時代への処方箋』，北樹出版，1997

が，やや古くはなりましたが参考になります．

セキュリティ対策の利用者レベルでの実践的事項については，独立行政法人情報処理推進機構のホームページにある「IPA 対策のしおり」シリーズがわかりやすく説明しています．

http://www.ipa.go.jp/security/antivirus/shiori.html

セキュリティ対策の技術については，情報工学の基礎からの勉強が必要です．

第 8 章

企業経営リスク

> 本章では，企業経営にかかわるリスクを取り上げます．まず，ここでいう「企業」と一般的な呼称である「会社」との関係を示したうえで，「経営」とは何をすることか，「企業経営リスク」にはどのようなものがあるか，そして，一般的な「リスクマネジメント」のプロセスを示します．最後に，現在世界的に注目され，世界中の企業が目標としている「全社的リスクマネジメント」の姿について解説します．

8.1 企業経営とは

本章では，「企業経営リスク」について解説します．しかし，いきなり「企業経営リスク」といっても，「企業」，「経営」，そしてその「リスク」との関係やつながりがわかりにくいかもしれません．そこで，まず本章では，「企業」とは何か，「経営」とは何かから整理していきます．

8.1.1 企業と会社

「企業(enterprise)」を『最新　基本経営学用語辞典』(同文舘出版)[1]では，次のように説明しています．

「……企業の多くは営利追求を目的とし事業を遂行する事業体であり……，激しい競争の中，常に危険にさらされた事業体……」

しかし，似たような言葉に「会社(corporate, company)」があります．「会社」とは，日本の法律で定義されている法人組織のことをいいます．正確に

---

[1] 吉田和夫，大橋昭一監修：『最新　基本経営学用語辞典』，同文舘出版，p.46，2010

第 8 章　企業経営リスク

は，会社法(2005)で，「会社とは株式会社，合名会社，合資会社又は合同会社をいい(第2条)，商行為(第5条)を行う法人」(第3条)とされています[2]．

では，「企業」と「会社」は異なるものなのでしょうか？　上述では，いずれも営利を目的とした事業(商行為)を行う意味では同等のように思えます．しかし，同上の『最新　基本経営学用語辞典』[3]を見てみると，次のような説明があります．

「……企業と会社とは異なる．企業は主として他人のために生産・流通の機能を営むもので，個人企業や協同組合等は企業であっても，会社ではない．個人企業も会社として登記すれば会社になるが，会社では会社財産と企業主個人財産とが区別され，物の売買等でも同様な区別が必要となる」

すなわち，「企業」と「会社」は同様の営みはするが，法的に登記された法人組織として見るかどうかという違いがあります．簡単にいえば，いずれもが営利を目的とした事業を営みますが，「企業」の方が広い意味になります．本章では，「企業」と「会社」をそれほど厳密に区別せずに，営利を目的とした事業を営む組織に対するリスクの問題という観点で話を進めたいと思います．

8.1.2　経営とは

続いて，章のタイトルである「企業経営リスク」の「経営」について触れたいと思います．

「経営」というと，映画やテレビドラマにもなった『もし高校野球の女子マネージャーがドラッカーの『マネジメント』を読んだら』[4]を想像する人がい

---

2) ここでいう「法人」とは，組織としての責任や義務・権利が個人ではなく，組織として課される単位をいいます．会社の誰かが法令違反をしたり，大きな損害をもたらすような失敗をしたりしたとしても，それが個人の集まりであれば，その組織自体や組織に属する他人が責任を負う必要はありません．しかし，「法人」とは，会社という組織や経営責任者・管理者にも法的な責任が課されます．一定のルール(租税法など)のもと，税金を支払い，地域，環境，雇用に対する社会的な責任を果たします．そして，特定の者による不祥事であったとしても，会社として株主や取引先などの利害関係者，消費者に対して，説明責任や損害賠償責任を果たさなければならなくなります．
3) 吉田和夫，大橋昭一監修：『最新　基本経営学用語辞典』，同文舘出版，p.29, 2010

8.1 企業経営とは

るかもしれません．主人公の女子マネージャーが誤ってドラッカーのマネジメント(経営)の本を買ってしまったことからさまざまな出来事が起こる大変おもしろい小説です．マネジメント(Management)が経営のことだと後で気がつくのですが，野球部のマネージャーが部活動を行ううえでもマネジメント手法，すなわち経営の手法が役に立つということに気がつく本でした．

ビジネスマン達は，「経営」= Management として理解している人が多くいます．では，ドラッカー[5]のいうマネジメントとは，どんなものかここで少し紹介しておきましょう．ドラッカーは，その著書の中でマネジメントには3つの役割があるとしています[6]．①自らの組織特有の使命を果たす，②仕事を通じて働く人を生かす，③自らが社会への影響を処理し，貢献する．これらの役割のために，経営者は企業自体を経営し，事業を運営するために管理し，全体を引っ張っていくという役目を担っていると理解できます．

さて，「経営」には，上述の英語の Management の意味以外にドイツ語の Betrieb が意図する意味もあります．前者は経営・管理の機能的な意味合いが強いのですが，後者は工場や会社のような形があるものであり，実体概念的な意味合いが強いといわれています[7]．

では，現代のわが国では，「経営」はどのように理解・解釈されているのでしょうか．次のような意味があるといわれています[8]．企業の製品・商品・サービス提供に伴う利益を基準とした経営者による運営活動である「企業経営的活動」と，企業・会社の経営者の意思決定に基づく経営や業績が卓越し優れてい

---

4) 岩崎夏海：『もし高校野球の女子マネージャーがドラッカーの『マネジメント』を読んだら』，ダイヤモンド社，2009
5) Peter Ferdinand Drucker(1909～2005)は，オーストリア生まれの経営学者であり，ニューヨーク大学などで教鞭をふるい，多くのマネジメントの本を世界中で出版しています．
6) P.F.ドラッカー，上田惇生編訳：『マネジメント　基本と原則』，ダイヤモンド社，pp.9-11, 2001
7) 三宅隆之：『現代経営学概論』，同友館，p.15, 2000，ならびに吉田和夫，大橋昭一監修：『最新　基本経営学用語辞典』，同文舘出版，p.66, 2010 など
8) 三宅隆之：『現代経営学概論』，同友館，p.15, 2000

第8章　企業経営リスク

るという「経営管理的活動」です．すなわち，企業の業務内容に着目した側面と管理状況に着目した側面です．いずれも企業の経営を客観的に評価するうえで重要な側面であり，実用的な側面です．

「経営」の意味について，上述の2つの語源のことや，現代のわが国で一般的に解釈されているいくつかの側面について触れました．しかし，1602年に世界で最初の株式会社といわれるオランダの東インド会社が設立されてから現代にいたるまでには，国を越えて長い長い企業経営・会社経営の歴史や学術的な議論があります．さまざまな社会的・歴史的経過を経て，多くの経営学者や先人達が「経営」に対する多くの議論や足跡を残し，現代にいたったのは想像するまでもありません．しかし，ここでは経営の問題の歴史的・学術的な議論をするのが本意ではないので，これ以上は述べません．

では，現代社会における「経営」が直面している大きな課題には何があるでしょうか．佐久間らは次のような諸課題があるとしています[9]．企業経営のリスクを考えるうえで重要なポイントとなります．

① 独占的な支配による経営上の問題を回避するための監査や統治の問題
　　コーポレート・ガバナンス（「企業統治」と訳す場合もあります）の問題ともいいます．経営者や筆頭株主，特定の取締役などの影響力が強すぎたり，内外の監査や情報開示機能が麻痺したりすることによって生じる経営上の問題です．経営者などによる不正が表に出ない企業体質の問題であり，その企業全体，または従業員や投資家を初めとする多くの利害関係者への大きなマイナス要因のリスクに直結します．

② 企業に求められる姿としての法令遵守や社会的責任の在り方の問題
　　法令や社会規範の違反による不祥事は，社会や消費者の信頼を失うだけではなく，株主や投資家などの利害関係者に損失を生じさせるリスクとなります．社会や消費者は，企業に対して法令を遵守し，さらに単に自分の利益追求だけではなく，さまざまな形で社会への貢献を社会的責任という

---

9) 佐久間信夫，浦野倫平：『経営学総論』，学文社，pp.12-14，2008

形で期待しているということです．

以上で，「企業」と「会社」のこと，「経営」の意味や役割，そして現代における課題について述べました．ここでは，「企業経営」を，「営利を目的とした事業を営む会社組織が，厳しい経営環境の中で，その目的を維持・達成するための組織経営であり，事業を管理・運営することである」と定義してみたいと思います．

次節では，この「企業経営」が抱える「リスク」の問題を具体的に述べていきます．

8.2 企業経営のリスクとは

企業経営リスクとは何でしょうか？　企業または会社の存在意義は，営利を目的とした事業を営むことです．では，事業が成功し，大きな利益が得られればそれでいいのでしょうか．いくら一時的に事業が成功し，十分な営利があったとしても，その後倒産してしまっては，投資家や従業員は大変困ってしまいます．投資家や従業員は，一時的な成功だけを企業に期待するのではなく，常にその状態を維持し続けることを期待するからです．このことを「持続可能な成長」といいます．すなわち，企業は今だけを考えるのではなく，常に将来のことを考え，計画し，持続しながら成長し続けなければならないという意味です．中には，採算が取れなくなったら順次企業を解散，改組していくという経営スタイルもあるかもしれませんが，ここでは，企業は持続可能な成長を目的とした営利追求活動を営んでいく組織として進めます．

8.2.1 企業経営リスクとリスクマネジメント

本書の読者の最終的な目的は，「リスク」の特性を知ることによって，決して人々にとって望ましいものではない「リスク」をコントロールし，マネジメントし，「リスク」を克服し，打ち勝っていくための知見や知識を得ることではないでしょうか．この「リスク」への挑戦は，「リスクマネジメント」という言葉で表すことができます[10]．「リスクマネジメント」とは，リスクを分析

し，低減・軽減するための体系的な科学的手法のことをいいます．詳細は，以下に順次説明していきます．

まずここで，「リスクマネジメント」に関する興味深い点を紹介します．実は，「リスクマネジメント」のルーツは，企業経営と大変かかわりがあるのです．

リスクマネジメントのルーツは，大きく次の4つであるといわれています[11]．

① 1920年代：不況下のドイツにおける経営管理手法として
② 1930年代：大不況下の米国における保険管理として
③ 1960年代：キューバ危機などの危機管理として
④ 1970年代：技術革新，新製品開発，国際化，グローバル企業のリスク対策，経営戦略としてのリスク対策として

①のドイツの経営管理手段としてのリスクマネジメントとは，悪性インフレ下の企業防衛のための「経営管理」のノウハウとして登場した「リジコ・ポリチク(Risikopolitik)」といわれる経営政策論であり，企業危険全般に対するリスク対策だといわれています[12]．すなわち，企業経営が好景気な時期は，多少の損害や損失を顧みないでも済みましたが，不況下ではちょっとした損害や損失でも企業の命取りになることがわかってきました．ですから，損害や損失のリスク(可能性や影響の大きさ)を最小限に抑えながら企業経営を行う必要があり，それがリスクマネジメントとして成立していったといわれています．

8.2.2 現代における企業経営リスクはどのようなリスクか

企業経営リスクとは，どのようなリスクでしょうか．一言でいってしまうと，倒産のリスクであり，持続可能な成長を阻むリスクであり，それらの引き

---

10) 亀井利明監修：『基本リスクマネジメント用語辞典』，同文舘出版，pp.161-162, 2004 では，「リスクマネジメント」を「リスクマネジメントはリスク克服に関するマネジメント，ノウハウ，システム，対策などを意味する」と説明しています．
11) 亀井利明，亀井克之：『リスクマネジメント総論(増補版)』，同文舘出版，pp.1-2, 2009
12) 亀井利明，亀井克之：『リスクマネジメント総論(増補版)』，同文舘出版，2009 など．

8.2 企業経営のリスクとは

金になって企業に襲いかかるすべてのリスクということになります．しかし，それでは具体的でないため，よくわからないという人もいると思います．実は，これが企業経営リスクであるとの明確なものがあるわけではありません．<u>企業が営利を目的とした事業を営んでいくうえで遭遇するあらゆる損失や損害の可能性が企業経営リスクには含まれるからです．</u>ですから，別章で述べた環境のリスク，製品のリスク，金融のリスク，情報のリスクなどが企業経営上のリスクになる場合は，それらも当然含まれます．

図 8.1 は，英国のリスクマネジメント協会などが作成したリスクマネジメント規格[13]に示される企業経営リスクの全体像です．

上述では，企業経営リスクには，企業が営利を目的とした事業を通じて持続可能な成長を続けるうえで遭遇するすべてのリスクが含まれると述べました．この英国規格による図 8.1 の企業経営リスクの全体像では，含まれるリスクを大きく「金融リスク」，「戦略リスク」，「オペレーションリスク」および「ハザードリスク」とし，さらにそれらのリスクには内部環境的な側面と外部環境的な側面があることが示されています．

「ハザードリスク」とは，自然災害や，環境，欠陥製品などのマイナスの影響しかないものです．しかし，「金融リスク」と「戦略リスク」には，大きな損失や失敗の側面はありますが，プラスや成功の要素も含まれます．そして，「オペレーションリスク」とは，操作ミスのようなヒューマンエラーや，企業の損失につながりうる背反的な行為による人為的なリスクを示しています．

この企業経営リスクの体系図を紹介しているリスクマネジメント規格には，次の特徴があります[14]．

① 大きく４つのリスクに分類しているが，その一つに「戦略リスク」があ

---

13) 『A Risk Management Standard』，2002
　この規格は「保険およびリスクマネージャー協会(AIRMIC；Association of Insurance and Risk Managers)」，「リスクマネジメント協会(IRM；Institute of Risk Management)」および「公共リスクマネジメント・フォーラム(ALARM；National Forum for Risk Management in the Public Sector)」によるものです．
14) IRM, AIRMIC, ALARM：『A Risk Management Standard』，p.1, p.3, 2002

第8章 企業経営リスク

外部駆動要因

- 金融リスク
  - 利率変動
  - 為替変動
  - 信用

- 戦略リスク
  - 競争
  - 顧客変化
  - 業界変化
  - 顧客ニーズ

- M&A
- 統合

- 流動資産, キャッシュフロー
- 調査研究・開発

内部駆動要因

- 求人
- サプライチェーン

- 公的アクセス
- 社員, 資産
- 商品, サービス

- 規制, 文化
- 取締役会構成
- オペレーションリスク

- 契約
- 自然現象
- 供給業者, 環境
- ハザードリスク

外部駆動要因

出典：IRM，AIRMIC，ALARM：『A Risk Management Standard』，2002 を加筆，修正

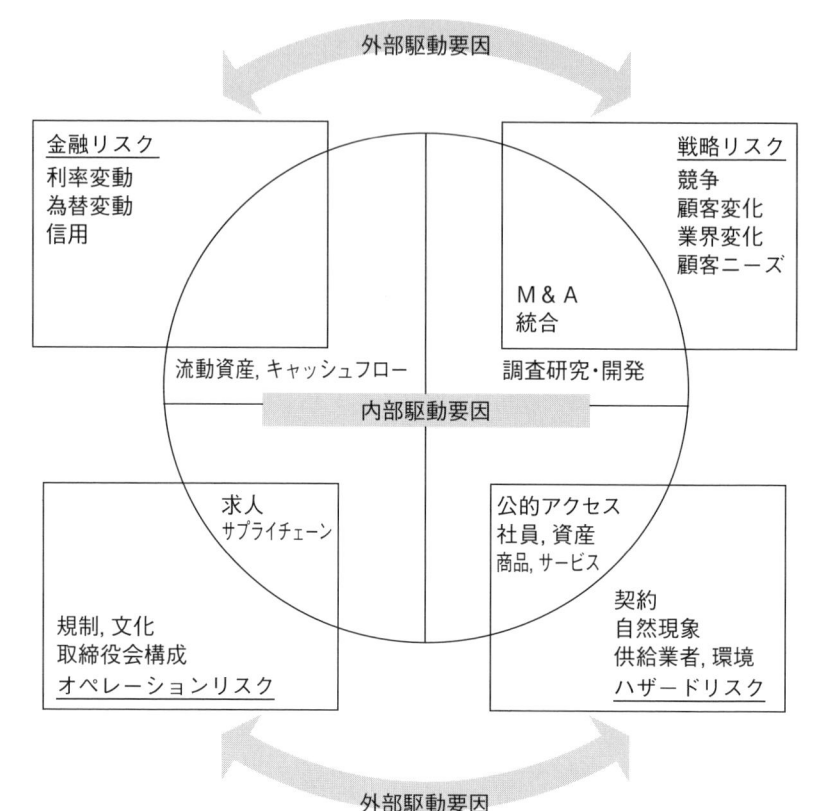

図 8.1　企業経営リスクの全体像の概念図

ること．

② 企業経営リスクの中には，マイナスの側面だけではなく，プラスの側面も無視できないこと．

①に示される「戦略リスク」とは，まさに企業戦略には失敗のリスクが存在するということです．例えば，次のような例があります．

新商品の開発戦略の失敗の例(仮想)

洗剤を中心としたロングセラーの製品だけでは長期的な成長が見込めないため，自社が有するバイオの技術を応用して医療品の開発にも参入するという意

8.2 企業経営のリスクとは

思決定を行いました.

しかし，医療品の開発には臨床検査などの検証プロセスや継続的な有効性のデータを蓄積する必要があり，新規参入企業であることから医療機関との連携に時間を要し，本業での収益の減少も影響し，この新規事業分野での収支が得られるまでの期間が予想以上に長くかかることがわかってきました．その結果，継続的な経費の捻出が困難となり，開発費用として用意した400億円を回収できる見込みがなくなり，事業から撤退しました．

本件は，新規事業の立ち上げという戦略には，大きなリスクがつきまとうことを意味します．まったく経験がない別業種に参入するというチャレンジには，成功への期待と同時に，失敗した場合のリスクや軌道修正など，素早い臨機応変な対応も必要になります．失敗の場合の責任は，最終的にGOサインを出したトップが負うことになります．

製品の在庫管理戦略の失敗例（仮想）

特定の自動車メーカの下請けではなく，どこの自動車メーカからの発注も受ける部品製造業です．当初，軽量部品製造の技術があることから継続的な受注があり，安定した受注が続いていました．しかし，同社の場合は，受注自動車メーカが多く，またそのことから対応機種別の部品の種類が多く（「多品種」ともいいます），その都度小ロット（注文される部品の数量が少ないことを意図します）の部品を製造していました．そのため，時間と手間がかかることから，ある程度先を見越して作り置きし，倉庫に在庫する戦略をとっていました．しかし，急激な円高を背景に輸出車向けの自動車部品の発注が激減し，当初作り置きし，在庫していた部品が倉庫に山積みになり，今では在庫管理費用や先行して製造した部品の製造コストに見合う収入が得られなくなったことから，資金繰りに困り，倒産寸前の状態となりました．

本件は，部品製造業者がとった在庫戦略の失敗例です．多品種小ロットという業態の宿命ともいえる在庫管理の問題です．近年では，できるだけ在庫を置かない生産方式をとれるよう，受注元の発注数をオンラインで把握し，最短の製造期間で必要な数量の部品を製造するような製造管理システムを導入する製

造業者も出てきました.

　②に示すリスクの側面とは，プラスの側面があるリスクが存在する点です．同リスクマネジメント規格では「企業経営に影響を与える潜在的なリスク要因には，アップサイドな側面とダウンサイドの側面があることを理解すべきである」と示されます[15]．このことは，マイナスな影響が出ている間だけその要因をリスクとして認識するのではなく，プラスとマイナスの両方の影響がでる可能性があることを前提としてリスクマネジメントすべきことを意味しています．同規格では，アップサイドの側面があるリスクに対して，市場，為替変動，投資などをシミュレーションする分析方法なども例示されています．

　製品開発や新規事業の戦略リスクについても，両方のリスクの側面があります．企業によっては，社運をかけて新製品や新規事業を最初から一つに絞り込んで，資金や人的リソースを投入する戦略をとろうとする場合があります．この場合，失敗した際のリスクは甚大なものとなります．そのリスクを回避するために，複数の新旧の製品や既存の各種事業とポートフォリオを組んで開発戦略をとるマネジメント方法を展開する企業もあります．少し専門的になりますが，製品のライフサイクルを考慮しながら，開発のタイミングやリソース（人員や経費などの経営資源のこと）を組み合わせる戦略で，新製品や新規事業を同時に複数管理しながら失敗のリスクをできるだけ減らすというものです．このようなリスクマネジメントを「プロダクト・ポートフォリオ・マネジメント」[16]といいます．

8.3　どうリスクマネジメントしていくべきか

　企業経営リスクに限らず，被害や損害などのリスクを予防し，顕在化した場合の影響の大きさを軽減し，マネジメントする手法がリスクマネジメントです．では，リスクマネジメントとはどのように行うのでしょうか．図8.2に示

---

15)　IRM, AIRMIC, ALARM：『A Risk Management Standard』，p.2, 2002.
16)　グローバル・マネジメント・インスティテュート編著：『新版　MBAマネジメント・ブック』，ダイヤモンド社，pp.14-15, 2002.

8.3 どうリスクマネジメントしていくべきか

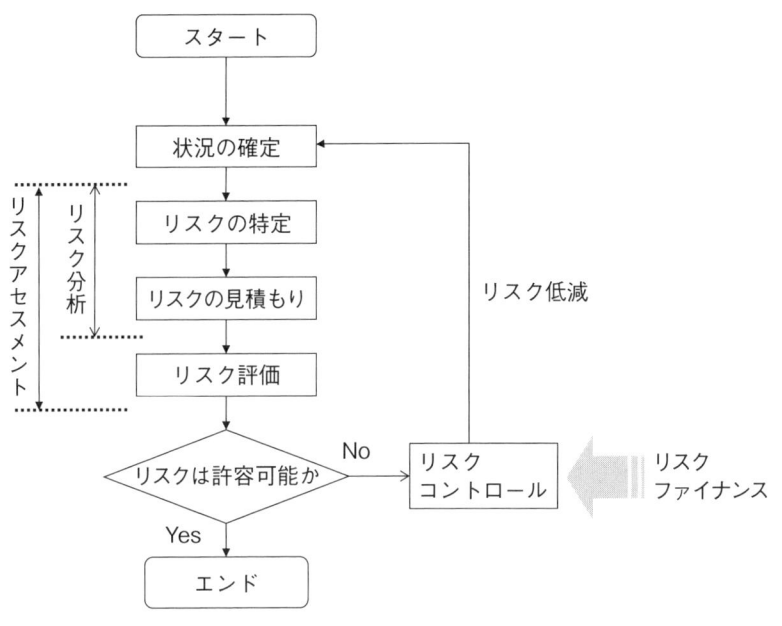

図 8.2 リスクマネジメントの基本プロセス

すフローが一般的なリスクマネジメントのプロセスです．

まず，どのような状況下でどんなリスクをマネジメントしようとするかという目的を定めます．この最初のステップが「**状況の確定(Establish the context)**」にあたります．次に，ではそこにどのようなリスクが存在するかを洗い出します．このステップを「**リスクの特定または同定(Risk identification)**」といいます．次に，洗い出されたさまざまな詳細なリスクの大きさを算定します．しかし，すべてのリスクを定量化しましたが，すべてのリスクをマネジメントするのは大変ですから，最も大きなリスクから順に軽減できるよう優先順位を付けます．このステップを「**リスクの見積もりまたは算定(Risk estimation)**」といいます．この「リスクの特定」と「リスクの見積もり」のステップを合わせて「**リスク分析(Risk analysis)**」といいます．

ここまでが，下準備になります．次には，洗い出され，大きさから順位づけされたリスクをどうするかという意思決定の段階に入ります．つまり，どのリ

スクが許容できないから早急にリスク低減(または軽減)すべきかを判断する訳です．このステップを「**リスク評価(Risk evaluation)**」といいます．すなわち，判断基準とそれに対する対策の決定を行わなければならないステップになります．企業経営リスクの場合は，ここがまさに経営者の腕の見せ所になります．前述の戦略リスクのように，成功する確率は不確定なのに，企業は成長を見込んで新たな製品や事業に挑戦していかなければならないので，どの事業戦略はどのような判断基準でGOサインを出すか，または却下するかなどは社運をかけるような判断になるからです．

なお，ここまでのステップを包括的に「**リスクアセスメント(Risk assessment)**」といいます．

そして，これからがまた大変です．経営者や企業で定めた判断基準のもと，許容できないリスクは低減(または軽減)していかなければなりません．それを託された担当者や現場の人達は，さまざまな技術や経験，知見を駆使してリスクを減らす努力をしなければなりません．安全設計の徹底，不良や欠陥の発生確率の追求や低減，コスト削減，投資してもらえるよう信用リスクを高めること，事業戦略の失敗要因の調査や分析，不正や法令違反を起こさせない社内の仕組みなど考えたりしないといけなくなるのです．このようなリスクを減らす取組みを「**リスクコントロール(Risk control)**」といいます．リスクマネジメントを行ううえで，このリスクコントロールは大事な機能ですので，詳しく解説します．

リスクコントロールの目的は，リスクを減らすことにあります．そのため，その代表的な機能にまず「**回避(avoidance)**」と「**除去(elimination)**」があります．「回避」とは，リスクをゼロにするような機能のように思う人があるかもしれませんが，リスクはゼロにはなりません．ここでいうリスク回避とは，想定されるリスクが起きるような行動をとらないということです．すなわち，爆発や火災のリスクを回避するには，爆発や引火・着火しない材料に変更したり，カントリーリスクを被らないようにするには海外進出しなかったりする選択を行うということです．企業経営リスクの場合は，リスクを承知であえて挑

戦する戦略をとる場合がよく存在します．この場合の「回避」は，それらの戦略をとらないという極めて消極的なリスクコントロールをすることになります．

　リスクコントロールのもう一つの代表的な機能である「除去」とは，リスクをとりのぞくとの意図ではなく，リスクを減らすための取組みです．その方法には，「**防止**（予防と影響の軽減・低減）」，「**分散**（集中管理しない管理法）」，「**結合**（組織やハザードの統合による耐力の向上や管理の合理化）」，「**制限**（上限以上の被害がでない管理法）」などが存在します．会社の建物の火災のリスクを除去するために，防火壁やスプリンクラーの設置，喫煙禁止などの措置は，まさにリスクの防止にあたります．重要な部品工場を1箇所にすると，その工場が火災などで機能しなくなるため，二分化するというのはリスクの分散にあたります．このように，リスク自体の発生確率を減らしたり，結果として生じる影響の大きさを小さくしたりすることがリスクコントロールにあたります．状況やリスクの種類に応じて最適で効果的な方法を考える必要があります．

　最後に，図8.2の右側にも示しましたが，「**リスクファイナンス（Risk finance）**」という機能があります．これは，いくらリスクコントロールを行っても，リスクはゼロにはなりませんし，発生確率を減らしても，明日リスクが顕在化して事故が発生するかもしれません．そんな場合に備えて，自家保険や外部の保険を利用して，自己でもたなければならない損失のリスクを軽減するのです．この機能を利用し，工場の火災や欠陥製品による損害賠償金で破産するリスクを軽減します．毎月少しずつの保険金でそのような莫大な損失のリスクを軽減できれば安心です．

8.4　新しい企業経営のリスクマネジメントの姿

　これまで，企業経営リスクには，多くの種類のリスクが存在すること，そして，それらのリスクを軽減する手法としてリスクマネジメントというツールがあることを解説してきました．しかし，皆さんは考えるのではありませんか？企業は，あんなに多くのリスクをちゃんとマネジメントできるのか？　もしできているのなら，どうして新聞やテレビで見られるように，事故や不正・不祥

第8章　企業経営リスク

事が後を絶たないのか？　もちろん，企業，特に経営者は自社の抱えるリスクに無関心な訳はありません．

ではどうすべきでしょうか，本節では，最新の企業経営リスクマネジメントの姿について触れてみたいと思います．

8.4.1　部門管理から全体管理へ

企業には，技術，営業，総務，経理などのさまざまな部門があります．そして，現代では，それぞれの部門ごとに，専門書や研修の場などがあり，リスクマネジメントが浸透してきています．それらは「部門管理」としてのリスクマネジメントといわれるものです．経営者は，それぞれの部門管理の状況を総合的に管理していれば，その企業のリスクマネジメントの状況が把握できます．

しかし，問題は，それでいいのかということです．新聞やテレビで話題になる不正や不祥事，米国のエンロン社や日本のオリンパス社などの不正経理・粉飾決算問題[17]などは，会社のトップが関与していますが，そのような問題は部門管理の域を超えています．

このように，経営トップがかかわる不正は，途中で誰かが歯止めができる問題ではなく，いざ発覚すると致命的ダメージとなる問題です．現代の企業経営リスクには，このような致命的ダメージとなる企業経営リスクに対しても有効なリスクマネジメントが求められるようになってきたのです．

このような企業のトップがかかわる問題までをリスクマネジメントすべきとの流れは，実は世界中の趨勢でもありました．以下がその例です．

---

[17]　米国のエンロン社の問題とは，当時従業員規模2万人以上というエネルギー産業企業が巨額の負債を粉飾決算（虚偽の決算を行うこと）し，2001年時点で米国最大級の倒産となった問題です．

　また，オリンパス社の問題は，2011年に巨額の負債が生じているにもかかわらず海外企業の買収費用の名目でその負債を粉飾決算したとして問題となったものです．この問題は，その後社長を就任した英国から来たウッドワード氏が内部で指摘し，当時の副社長などに責任をとるよう促したのですが，逆に取締役会によってウッドワード氏が突如解任させられるなどし，新聞やテレビで大々的に報道されました．

8.4 新しい企業経営のリスクマネジメントの姿

英国の場合

ロンドン証券取引所が，度重なる企業の粉飾決算などの不正や不祥事を背景に，「コーポレートガバナンスに関する報告書を統一する統合規則(いわゆる「ターンバルガイダンス」)」を発行し，2000年12月以降の決算には，企業には自身で不正などを発見し，取り締まる責任が存在し，そのための内部統制(社内にしっかりした仕組みを構築することをいいます)の義務を負わせました[18]．

米国の場合

米国においては，上述のエンロン社の問題などを背景に，「不正な財務報告全米委員会(いわゆる「COSO」または「トレッドウェイ委員会」)」[19]が一連の財務報告改善報告書を提出しており，2004年9月には「全社的リスクマネジメント−統合的フレームワーク篇と適用技法篇」を発表し，財務報告の適正化を促しました．米国では，2002年にサーベインズ・オクスリー法(いわゆる「企業改革法」)を公布し，企業の内部統制システムの構築を義務づけました．

以上のような機運は，オーストラリア，ドイツ，カナダなどでも類似の指針や規制などが示されるにいたっています[20]．このような流れは，日本にも伝わり，主に適正なリスクマネジメントが全社的に，特に企業の経営者を含む内部の仕事の仕組みの健全性を，信頼できる財務報告書の形で外部に公表する枠組みという形で画一化してきました．要は，法令遵守や不正な業務を行えないような会社内の監視システムをしっかりと作り，その実情を信頼できる財務報告書などの公表文書で開示しなさいということになったのです．

---

18) 「2010年度 危機管理システム研究学会第10回年次大会 統一論題 再生へのリスクマネジメント 報告要旨」，pp.90-96，2010
19) トレッドウェイ委員会組織委員会著，鳥羽至英，八田進次，高田敏文共訳：『内部統制の統合的枠組み 理論篇』，白桃書房，1995
20) ティリンガスト・タワーズ・ペリン編，眞田光昭訳：『全社的リスクマネジメント ─近年の動向と最新実務─』，日本内部監査協会，pp.35-37，2004

8.4.2 全社的リスクマネジメント

上述までの流れで，企業は，全社をあげてしっかりとリスクマネジメントし，そのことを投資家や社会に対して開示できることが期待されている存在であることがわかってきたと思います．最後に，その全社的な取組みとしてのリスクマネジメントのことを少し紹介します．

近年では，全社的なリスクマネジメントが世界的に注目され，さまざまないい方で紹介されています．以下がその例ですが，いずれも同義語といわれています[21]．

- 全社的リスクマネジメント(Enterprise Risk Management または Holistic Risk Management)
- ビジネスリスクマネジメント(Business Risk Management)
- 戦略的リスクマネジメント(Strategic Risk Management)
- 統合的リスクマネジメント(Integrated Risk Management)

全社的リスクマネジメントは，企業が抱えるすべてのリスクをトータルで評価し，対策を検討するというものです．そして，その評価方法が，リスクプロファイルやリスクマッピングという方法です．図8.3がその例です[22]．全社的リスクマネジメントも，リスクマネジメントの基本プロセスを踏襲します．ただ，個別リスクの位置づけが部門管理のように特定のリスク領域に限定せず，全社的に総合的に比較できるスタイルにしなければ，リスク対策の総合的な戦略が立てられないからです．

図8.3は，ある会社のリスクプロファイルになります．縦軸を影響の大きさ，横軸を発生頻度にして，各リスクをその重大性(損失や損害の大きさで識別)を色分けして示しています．影響が大きく，発生頻度が高いリスクは，もちろん要注意であり，最優先でリスク対策を考える必要があります．他のリス

---

21) ティリンガスト・タワーズ・ペリン編，眞田光昭訳：『全社的リスクマネジメント ―近年の動向と最新実務―』，日本内部監査協会，pp.33-34，2004
22) Standard Australia：『Organisation experiences in implementing risk management』，p.24，2000

8.4　新しい企業経営のリスクマネジメントの姿

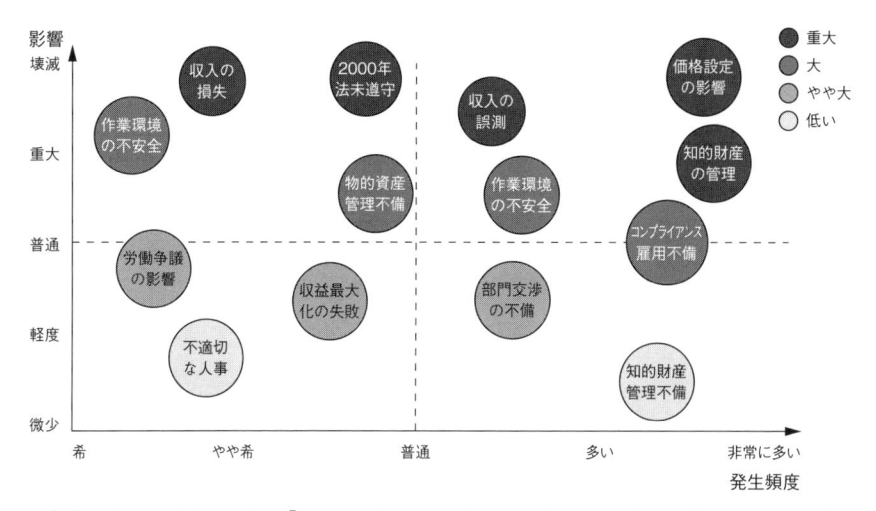

出典：Standard Australia：『Organisation experiences in implementing risk management』，p.24，2000 を編集

図 8.3　全社的リスクマネジメントで用いるリスクプロファイルの例

クも同様に影響度と発生頻度を考慮して，保険で対応すべき，放置しておいても当面は大丈夫など，リスク対策を決定するのです．

　なお，ここで注意しなければならないのは，それぞれのリスクの大きさのマッピングは，企業によって異なる点です．企業は，各々に業種や業態の特徴が異なるため，企業環境を考慮し，自社が抱えるリスクを特定し，その大きさを定量化し，自社が最も脅威と考えるリスクをピックアップし，最適な方法でリスク対策を決定していくことになるのです．

もっと勉強したい人のための参考文献

　以下に示す①は，全社的リスクマネジメントのことを「トータル・リスクマネジメント」のような表現を用いていますが，類似の考え方をわかりやすく書いてある本です．②は，リスクマネジメントの新しい展開についていろいろな角度から紹介した本で，これも比較的わかりやすく書いてある本です．

　③は，北米の監査法人協会によるものであり，全社的リスクマネジメントの

第8章　企業経営リスク

導入状況を調査した報告書になっており，非常に実践的な参考書となっています．④は，米国のトレッドウェイ組織委員会(COSO)による公式報告書の訳であり，難解な箇所がありますが，関心がある人は是非一度はこの原書を読んでみるといいでしょう．

① 竹谷仁宏：『トータル・リスクマネジメント』，ダイヤモンド社，2003
② 上田和勇編著：『環境変化とリスクマネジメントの新展開』，白桃書房，2012
③ 八田進二監訳，あらた監査法人訳：『全社的リスクマネジメント　フレームワーク篇』，東洋経済新報社，2006
④ ティリンガスト・タワーズ・ペリン編，眞田光昭訳：『全社的リスクマネジメント─近年の動向と最新実務─』，日本内部監査協会，2004

第 9 章

金融と金融リスク

> 本章では，まず経済におけるお金の役割を踏まえ，金融とは余っているお金を不足しているところに融通する仕組みのことで，現代経済システムにおいては欠かせない存在になっていることを説明します．そして，金融の仕組みとしての直接金融と間接金融，短期資金の調達や株式・債券などを取引する金融市場の役割を紹介し，金融取引から損失が発生するリスクについて概観します．

9.1 経済活動と金融

日常生活においては，「お金」と「商品やサービス」を交換する取引が頻繁に行われています．100円でジュース1本を購入することや，2000円で映画を鑑賞することはその例です．このような取引を経済活動といいます．意識されていないかもしれませんが，ほぼ毎日企業や人々は経済活動にかかわっています．私たちの日常生活や仕事の中に，経済活動が大きな割合を占めていることも想像しやすいでしょう．

経済活動の中に，商品やサービスを提供する側が「お金」を受け取り，商品やサービスを購入する側が「お金」を支払います．図9.1に示されているように，「お金」が経済活動においては欠かせないものです．

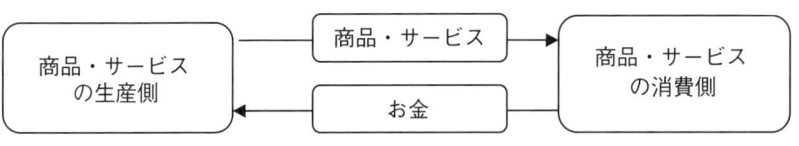

図9.1 経済活動とは「お金」と「商品やサービス」の交換取引である

第 9 章　金融と金融リスク

　経済活動においては活動を行う主体を「経済主体」といいます．経済主体として，"個人（家計）・企業（法人，個人事業者）・政府（公共機関）"があげられます．
　個人は，従業員として企業に勤めたり，公務員として公共機関で仕事をすることでお金を得ます．仕事で得たお金を自分の欲しい商品やサービスと交換し，再び企業・事業者へとお金が流されます．企業は社会に商品やサービスを提供し，その購入者からお金を受け取り，その一部を企業の人件費や原材料購入などの支払いに当てます．政府は民間から所得税や消費税などの名目でお金を集め，公務員の給料や公共事業費用の支払いに当てます．このように，経済活動の中に，お金が流れています．図 9.2 では経済活動での資金循環を示しています．
　3 つの経済主体は相互的に密接に結びついています．景気が良ければ，家計の消費が増え，企業の利益が増え，個人の給与も増えるので，個人や企業の納税額も高くなり，政府の財政状況も良くなります．逆に，景気が悪化すれば，消費者としての家計は，消費活動を控え，貯蓄にお金を回すので，生産された商品やサービスが売れにくくなり，企業の売上が低下し，家計の収入も低くなります．そうなると，法人から政府へ支払われる法人税と個人から政府に支払われる個人所得税などが少なくなり，政府の財政状況も悪化していくことにな

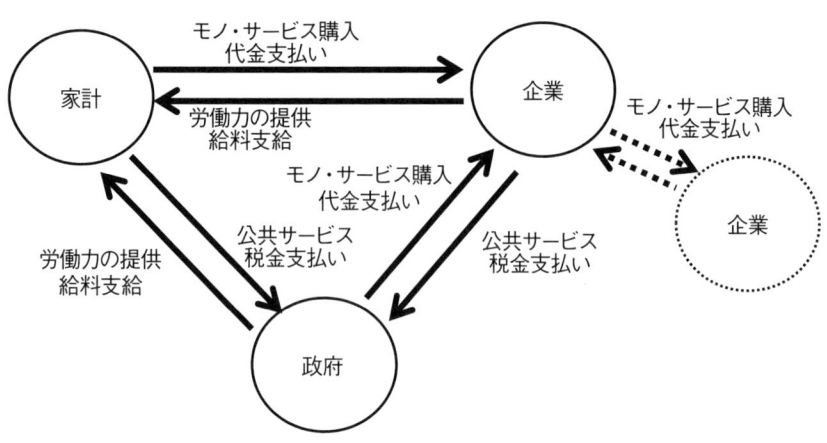

図 9.2　経済活動におけるお金の流れ（資金循環）

9.2 金融の分類：間接金融と直接金融

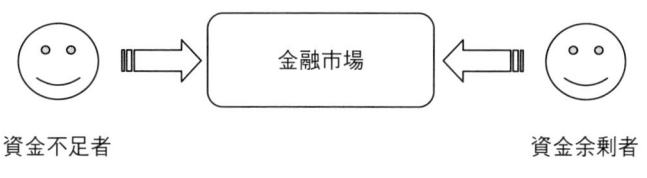

図 9.3　金融とは金融市場を通じてのお金の貸借である

ります．

　図 9.2 で示しているように，経済活動において，お金はあるところから別のところへ流れていきます．その中で，お金が余っているところやお金が足りないところが出てくることが想像できます．マイホームを持ちたい人が必要なお金を持っていない場合には，資金不足者が現れますし，稼いだお金を使い切れない場合には，資金余剰者が現れます．資金不足者にとっては，どこからお金を借りれば有難いのと同じように，資金余剰者にとって，誰かに余っているお金を貸して，利息をもらえば嬉しいことです．そこで，資金不足者と資金余剰者のニーズを満たすために考えられたのが，金融という仕組みです．

　金融とは，余っているお金を不足しているところに融通する仕組みのことで，広義では「お金の流れ」，狭義では「お金の貸借」という意味で使われています．図 9.3 に示されているように，資金不足者と資金余剰者は金融市場を通じて，お金の貸し借りを行っています．

　金融は，資金不足者と資金余剰者のニーズを満たす目的で作り上げた仕組みです．現代社会においては，金融は資金を効率よく循環させることによって，経済の健全な発展を図る役割を果たしています．

9.2　金融の分類：間接金融と直接金融

　金融は，金融仲介機関を通すか通さないかによって，間接金融と直接金融の 2 通りに分けられます．図 9.4 はその仕組みを示しています．

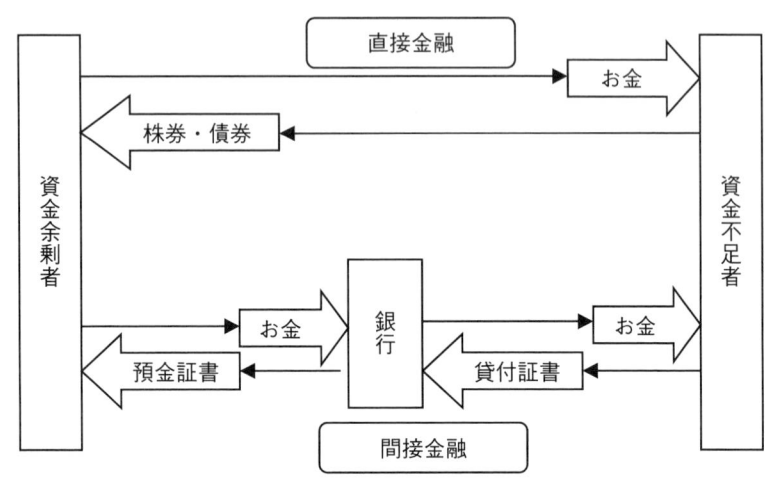

図9.4　金融の分類：直接金融と間接金融

9.2.1　間接金融

　間接金融とは，資金の貸し手と借り手の間を銀行が仲介して，間接的にお金を融通する方法です．銀行が預金の形で貸し手から資金を集めて，銀行の責任で借り手に貸しつけます．

　間接金融において，銀行は貸し手から資金を集め，その見返りとして，貸し手(預金者)に利息(預金金利)を支払い，お金を貸すときに，借り手から預金金利より高い利息(貸付金利)を取り、貸付金利と預金金利の差が銀行の収益となります，これは商業銀行の基本的なビジネスモデルにもなっています．銀行が借り手と貸し手の間に介在し，借り手が債務を返さないというリスクは，貸し手ではなく，銀行が負っています．

　日本にはさまざまな銀行が存在しています．その中で，大都市に本店を構え，全国展開している銀行を都市銀行といいます．三菱UFJ銀行，三井住友銀行，みずほ銀行を三大都市銀行と呼んでいます．一方，千葉銀行や横浜銀行などの銀行は所在道府県に経営の基盤を置き，地方銀行と呼ばれています．

　現代社会においては，銀行が，預金の受入，資金の移動(決済)や貸出(融資)，手形・小切手の発行などを行い，金融システムの中核的な存在になっています．

9.2 金融の分類：間接金融と直接金融

9.2.2 直接金融

　銀行を通さないで借り手が貸し手から直接お金を融通してもらう方法を，直接金融といいます．

　9.2.1 で述べた間接金融は，理論的にお金を調達する仕組みを提供していますが，誰にとってもこれが一番いい方法とは限りません．銀行は貸した資金が返済されないリスクを抑えるために，さまざまな条件をつけて融資を行っています．例えば，借り手に融資の担保や保証を求めることはよくあります．これらの条件をクリアできないと，銀行からお金を借りることができなくなります．また，銀行が高い融資金利を取ることもありえますので，借り手にとっては高い融資コストが発生します．これらのことから，直接に資金の貸し手からお金を調達する方法が求められ，これが直接金融が生まれた背景ともいえます．

　直接金融は，資金の借り手が株式や債券など有価証券を発行して，資金の貸し手にこれらの有価証券を買ってもらい，直接的に資金を調達します．国が国債を発行し，国債の購入者から資金を集めることは直接金融の一例です．また，会社が株券を発行し，株券購入者から資金を集めることも直接金融です．

　直接金融を行う金融機関としては，野村証券や大和証券のように，証券会社と呼ばれているものがその代表的な存在です．証券会社は企業と個人投資家との間に入りますが，仲介しか行いません．証券会社は借り手が債務を返さない場合の責任は負っていません．企業が倒産すると，その企業が発行している債券や株券の価値がなくなり，これらの有価証券を持っている人は，証券会社に損害賠償を請求することができません．

　直接金融によって，お金を融通する手段が多様化しています．現代金融においては，直接金融がますます重要な役割を果たしています．

　直接金融において，貸し手はリスクの低い銀行ではなく，より高い収益をねらい，借り手にお金を直接出していますので，出したお金が戻ってこないリスクをも負っていることを忘れてはなりません．借り手にとっては，資金調達に手段が増えますが，信用の高くない借り手は，高い見返りを支払わないと，発行している有価証券を買ってもらう相手はなかなか見つからず，いつでも資金

調達できるとは限りません.

9.3 金融市場と金融商品

金融仲介機関を通じてお金の貸し借りを行う場を金融市場といいます.

金融市場は,お金の貸し借り期間の長短によって,短期金融市場と長期金融市場に分けられ,それぞれの金融市場において,異なる金融商品を利用し,お金の貸し借りを行っています.

9.3.1 短期金融市場

短期金融市場とは,期間1年未満の金融取引が行われる市場で,マネーマーケットとも呼ばれています.

短期金融市場は,金融機関や一般の事業法人が資金を調達する場ですが,日本銀行が公開市場操作などを行って金融を調節する場にもなっています.

短期金融市場は,取引参加者が金融機関に限定されるインターバンク市場と,一般の事業法人が自由に参加できるオープン市場に分けられます.それぞれの市場は異なる金融商品が取引されています.図9.5は短期金融市場の構成を示しています.

インターバンク市場には,主にコール市場と手形売買市場があります.

コール市場は,銀行を中心とする金融機関が,日々の資金過不足を最終的に調整しあう場であり,ごく短期(原則として1カ月未満)の資金の貸借を行って

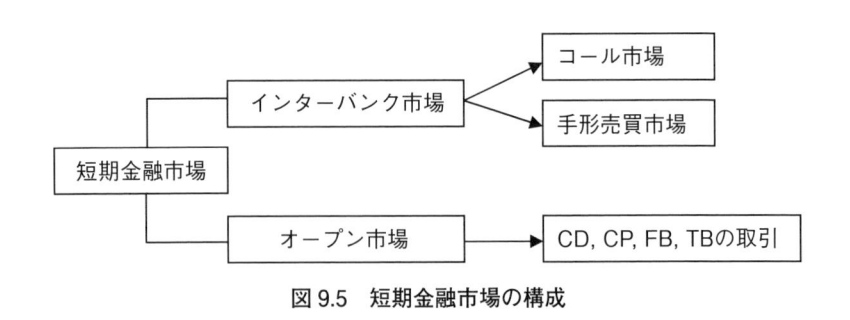

```
短期金融市場 ─┬─ インターバンク市場 ─┬─ コール市場
              │                        └─ 手形売買市場
              └─ オープン市場 ─── CD, CP, FB, TBの取引
```

図9.5 短期金融市場の構成

います.「呼べば応える」というところから,「コール」という名がついています.コール市場では,担保を必要とする有担保コールと,担保を必要としない無担保コールの取引が行われています.

手形売買市場は,優良企業が発行する手形を,割引の方法によって売買する形で資金の融通を行い,短期資金(翌日物から1年物)を融通しています.

一方,オープン市場には,金融機関,事業法人,公的機関などが参加しています.取引されている金融商品は,第三者に譲渡可能な銀行の預金証書(CD:Negotiable Certificate of Deposit),優良企業が割引方式で発行する約束手形(CP:Commercial Paper),国庫の一時的な資金不足を補うために発行した政府短期証券(FB:Financing Bills),国債の償還・借換えを円滑に行うために発行した割引短期国債(TB:Treasury Bills)などがあります.

短期金融市場においては,短期間でのお金の貸し借りですので,貸し出したお金が返済されないというリスクはあまりないため,お金の調達コスト(金利)に関心が集まります.

9.3.2 長期金融市場

長期金融市場は,取引期間1年以上の長期にわたる金融取引が行われる場で,資本市場(キャピタルマーケット)ともいいます.証券市場が長期金融市場の代表です.

証券市場は,有価証券(株式,公社債など)の発行が行われる発行市場と,それらが流通する流通市場の総称です.新しく証券が登場する最初の場所を発行市場,一度発行市場を通過した証券が転々と売買される場所を流通市場と呼んでいます.

証券市場は,取り扱っている有価証券によって,株式市場と公社債市場に大別され,その構成が**図 9.6**に示されています.

(1) 株式市場

今の経済システムにおいては,企業が株式を発行することによって資金を調達することができます.一方,投資家は企業の株式を取得することによって,

```
長期金融市場 ─┬─ 株式市場  ──▶ 株券の取引
              │
              └─ 公社債市場 ──▶ 公共債,社債の取引
```

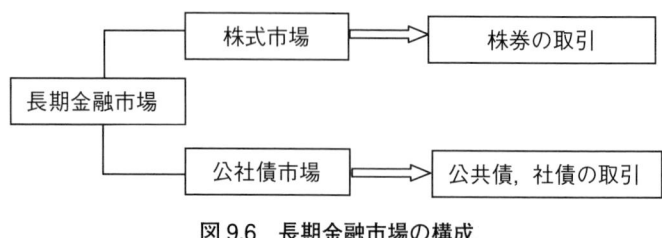

図 9.6　長期金融市場の構成

企業のオーナーへ仲間入りし，企業が作り出す経済的利益を受ける権利や企業の経営に参加する権利を得ることができます．現在の日本には，株式を発行している企業はおよそ 100 万社あります．

　株式を発行している企業を株式会社と呼びます．株式会社が発展し，一定の基準を満たせば，証券取引所に企業の株式を上場させ，投資家により株式が自由に売買されることが可能になります．これを株式上場といいます．株式会社が上場会社になれば，企業の信用力のアップなど，さまざまなメリットがあります．株式の流通市場は企業にとって資金調達の場所で，投資家にとっては利益を追求する機会を与えています．

　株式市場は取引所市場とそれ以外の店頭市場に分けられています．上場株式の売買は，すべて取引所市場での競争売買によって取引されています．一般的に証券会社の扱う株式売買は大部分が上場銘柄で，ほとんどの取引が証券取引所で行われています．非上場の株式は，顧客と証券会社あるいは証券会社相互間で相対取引の形で売買されています．その市場を店頭市場と呼んでいます．

(2) **公社債市場**

　国や地方自治体，金融機関，企業などが資金を借り入れるために，資金の出し手(投資家)に発行する借用書にあたるものが債券です．

　債券には，公共債(国や地方公共団体の発行する債券)と社債(企業が発行する債券)があり，公社債と総称しています．

　公社債市場は，国債や社債などの債券を取引する市場です．公社債流通市場は，相対売買で行われる店頭取引が 9 割以上と，圧倒的な比率を占めていま

す．店頭取引は証券取引所以外での取引のことで，証券会社や銀行と投資家の間，投資家相互間，証券会社・銀行相互間で行われます．店頭取引では，すべての債券が売買でき，価格も原則自由で，譲渡日も自由に決められます．

9.4 金融リスクについて

金融市場で行われているお金の貸し借り取引は，必ず利益をもたらす保証がありません．金融取引から損失が発生する可能性があり，このことを金融リスクといいます．

銀行が企業に貸した資金を企業の倒産によって回収できなくなったら，銀行は損失を被ります．これが金融リスクの典型的な例です．また，購入した株式・債券などの金融資産に，金融市場での価格下落による損失が発生することも，金融リスクの一種です．

金融リスクは，大きく取引先の不渡りや倒産に伴う信用リスク，金融資産の価格変動や流動性に関する市場リスク，ヒューマンエラーやシステムエラーに伴うオペレーショナルリスクの3つに分けられています．

9.4.1 信用リスク

信用リスクとは，債務者が債務を返済できなくなるリスクのことです．デフォルトリスク（債務不履行の危険性）ともいいます．

信用リスクは，債務者のリスクが反映されるあらゆる取引に波及するリスクです．信用リスクにさらされている金融商品として，代表的なものとしては，貸出債権や国債，社債，金融債等の債券，株式があげられます．

例1 信用リスクの例

貸付利子率を8%とし，10年目に融資の全額を返済することを約束し，A銀行がB社に100億円を融資しましたが，融資してから3年目にB社が倒産しました．これによって，A銀行からの100億円の融資が返済できなくなり，不良債権になりました．これは典型的な信用リスクの例です．

金融商品の信用リスクが高まることによって，その金融商品の発行体にも悪い影響を与えます．たとえば，信用リスクの高い企業が債券によって資金調達を行う場合，信用リスクに見合うだけの利鞘(信用スプレッド)を求められ，満期の長い債券を発行することは困難になります．また個人でも，信用リスクが高いと金融機関から判断された場合，保証人や追加担保が要求され，借入上限額が低く抑えられるなどの影響を被ることになります．

貸出を業務の柱としている金融機関にとって，信用リスクの管理は大きな関心事であり，第10章で詳しく述べます．

9.4.2 市場リスク

市場リスクとは，金利・為替・株式などの相場が変動することにより，金融商品の時価が変動し，損失を被るリスクといいます．価格変動リスク，金利リスクや為替リスクはその代表です．

例2 価格変動リスクの例

Aさんが1株1000円の価格で，B社の株式100株を購入しました．その後，B社の将来に対する不安が高まり，1カ月後に，B社の株価が500円になった時点で，Aさんは100株を売却し，5万円の損失が発生しました．これは価格変動リスクの一例です．

金利が上昇して，債券の価格が下落し，債券の保有者が損失を被ることは金利リスクの典型例です．

また，米国のドルに対して，日本円が強くなったら，米ドル建ての金融資産の円ベース価値が下がり，その金融資産の保有者が損失を被ります．これは為替リスクです．

市場リスクは，株式市場や債券市場などの市場に投資する際に考えなければならないリスクであり，その管理については第10章で詳しく述べます．

9.4.3 オペレーションリスク

オペレーションリスクとは，取引を事務的に処理する過程でのミスや，コンピューターの故障などによって決済が滞ったりするリスクの事です．

例3 オペレーションリスクの例

ある銀行で，銀行業務を処理するシステムに障害が発生し，公共料金やクレジット代金の口座振替が遅れました．それにとって損害を被った企業や自治体から約10億円賠償金を求められました．これはオペレーションリスクの一例です．

9.5 まとめ

① 金融とは，余っているお金を不足しているところに融通する仕組みで，現代経済システムにおいては，欠かせない存在になっています．

② 資金の貸し手と借り手の間を銀行が仲介して，間接的にお金を融通する方法を間接金融といい，借り手が貸し手から直接お金を融通してもらう方法を直接金融といいます．

③ 金融仲介機関を通じてお金の貸し借りを行う場が金融市場であり，短期金融市場と長期金融市場に分けられています．

④ 金融取引から損失が発生する可能性のことが金融リスクであり，大きく信用リスク，市場リスクとオペレーションリスクの3つに分類されています．

演習問題

① お金の3つの役割を述べよう．

② 普通銀行の三大機能とは何か，それぞれの機能を果たすために，銀行はどのような業務を行っているかを述べよう．

③ 日本の三大都市銀行を調べ，それぞれの資本金，預金残高と従業員数を比較しよう．

④ 日本の三大証券会社を調べ，それぞれの主な業務内容を述べよう．

第 9 章　金融と金融リスク

⑤　近年マスコミで報道された金融リスクのニュースから，信用リスク，市場リスクとオペレーションリスクの事例を，それぞれ1つまとめよう．

もっと勉強したい人のための参考文献
①　岩田規久男：『テキストブック金融入門』，東洋経済新報社，2008
金融の入門書で，伝統的な金融論をわかりやすく紹介しています．
②　可児滋：『金融リスクのすべてがわかる本』，日本評論社，2006
金融リスクの入門書で，リスク管理も触れています．

第 10 章

信用リスクとその管理

信用リスクとは，債務者が債権を履行できなくなる可能性のことをいいます．融資にあたっては，融資先の信用リスクをしっかり把握し，それに応じた融資条件を設定する必要があります．そこで，企業などの信用力を表す指標として活用されているのが格付けです．そして，債務不履行のリスク対策として，融資の担保や保証がつけられたり債権の証券化がされたりすることについて解説します．

10.1 信用リスクについて

企業や人にお金を貸す際に，貸したお金を返してもらうことは当然のことでしょう．しかし，貸したお金が回収できなくなることはしばしばあります．90年代の初め，日本のバブル経済が崩壊したときに，企業が銀行から借りた膨大なお金を返済できなくなり，貸し手の銀行は巨大な損失を被り，その打撃から立ち直るのに十数年の歳月が掛かりました．

企業が倒産したら，その企業に貸したお金が不良債権となり，ほとんどの場合は貸し手が貸したお金の回収を諦めるしかありません．図 10.1 は，2002 年から 2011 年に倒産した企業に関する統計データをまとめています．これを見ればわかるように，毎年 1 万社以上の企業が倒産しています．2011 年度の負債金額 1000 万円以上の倒産は 12734 件で，総額は約 4 兆円でした．すなわち，返済すべきだったのに返済できなくなった金額は 4 兆円で，この金額が貸し手にとっては損失になったわけです．

これらの統計上の事実から，倒産という遠く聞こえる出来事は，毎日どこかで起こっているということは理解してもらえるでしょう．順調に事業を展開し

第 10 章　信用リスクとその管理

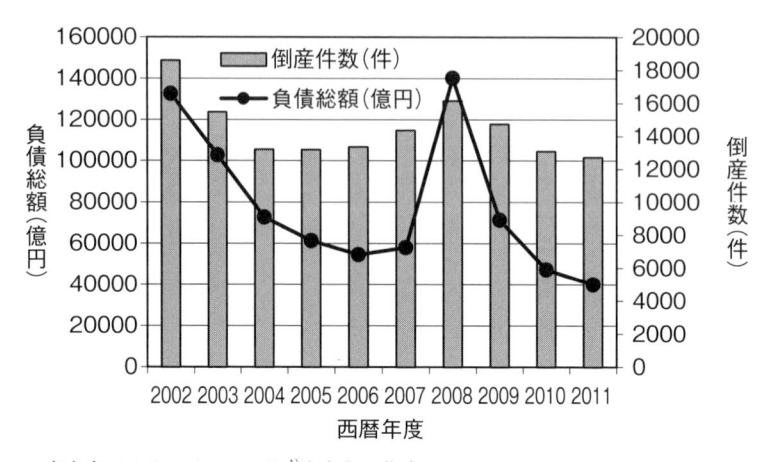

東京商工リサーチのデータ[1]をもとに作成
図 10.1　2002 年度から 2011 年度の倒産集計データ

ている会社も，ビジネス環境の変化についていけなくなり，倒産することもあります．下記の倒産事例はまさにこのようなケースにあたります．

信用リスクの事例　マンションデベロッパー企業 A 社の倒産[2]

　A 社は，マンション分譲・販売代理を目的として設立された企業です．その後東証 1 部上場を果たし，子会社を通じて戸建住宅・宅地販売事業などにも参入したほか，積極的に業容を拡大し，知名度を高めていました．2007 年のマンション供給戸数は首都圏で 2 位，全国 6 位の実績を誇り，2008 年 3 月期の売上高は約 1200 億円で，約 46 億円の当期利益を確保していました．2008 年 5 月には拡大路線の第 4 次中期経営計画を発表していました．

　しかし 2007 年後半以降，建築基準法改正に伴う建築確認の長期化や資材価格の高騰，顧客の買い控えなどからマンション市況が悪化の一方となり，そのうえサブプライムローン問題に端を発する世界的な信用収縮から国内不動産市況も停滞し，経営環境が急激に悪化していました．

1）　東京商工リサーチ，http://www.tsr-net.co.jp/news/status/fiscal_year/index.html
2）　東京商工リサーチのホームページに記載された記事の要約です．
　　http://www.tsr-net.co.jp/news/detail/yearly/1200454_1606.html

2008年11月には2009年3月期の業績と中期経営計画の下方修正を行いました．またこれと同時期に2009年4月新卒入社予定の採用内定者の内定取消しを決定したことから報道などで大きく取り上げられ，内定者に補償金100万円の支払いを決定するなどの対応に追われ，対外信用が低下していました．

こうした中，2009年2月3日には同年3月期の業績予想を再度下方修正し，通期で305億円の大幅な当期純損失となる見込みとなり，2月上旬に期限が到来する建築代金の支払いが困難となり2月5日東京地裁に会社更生手続開始（倒産）を申し立てました．

倒産した企業の株式の価値はなくなります．A社の株価も2007年には3500円を越えていましたが，その後急低下し，倒産によって0円になってしまいました．企業の倒産によって，その企業の株や企業の債券を持っている人は，それらの有価証券を購入したときに支払った代金を失うことになります．

以上のように，貸したお金（社債や貸付債権の元本や利息など）を回収できなくなる可能性のことを信用リスク（クレジットリスク）といいます．また，デフォルト（債務不履行）リスク，貸倒れリスクとも呼ばれています．

信用リスクは，金融機関にとって大きな関心事です．お金を貸す前に，相手が信用できるかどうかをチェックすることは大事なことです．会社の信用力を信用格付（以降，単に格付といいます）という指標で表すことが一般的になっています．以下に，格付とは何か，誰がどうやって決めているかを紹介します．

10.2 信用力の表現：格付について

格付は企業などの信用力を記号や数字で表しています．信用力の高い企業などが発行した公社債は，元本と利息が契約どおり支払われる可能性が高く，契約違反の可能性が低いことから，高い格付が取れます．一方，元本と利息が契約どおり支払われる可能性が低い公社債は，その発行体が契約違反の可能性が高いと見られ，低い格付でそのリスクを表されます．こういう関係で，格付は特定の公社債の元本や利息の支払いが契約どおりに行われない信用リスクを反

映している訳です.

　企業などは市場から資金を調達するために，その信用情報を公開しなければなりません. 格付を信用評価機関に格付評価を依頼し，格付を取得することは信用情報公開の標準的な方法となっています.

　格付機関は，対象企業の経営陣とのミーティング，財務分析，業界分析などを行い，その企業の信用度をある一定の基準に基づいて，「Aaa」「AAA」などの記号を用いて，その企業の信用力を評価します. このようにつけられている「Aaa」「AAA」などの記号が信用格付です.

10.2.1　格付機関：格付を決める機関

　格付は会社などの信用力を表すものでなければならず，正確に格付を決めないといけません. そのため，格付を決める機関が信用できる権威のある機関でなければならないことは，いうまでもありません. このような機関がどうやって決められているかは，国によってやり方が違います.

　これまで日本では，金融庁が指定格付機関を定める「指定格付機関制度」が導入され，スタンダード・アンド・プアーズ，ムーディーズ，フィッチ・レーティングス，格付投資情報センター，日本格付研究所が指定されていました.

　しかし，2010年4月1日に施行された「金融商品取引法等の一部を改正する法律」で新たに信用格付業者制度が創設され，同年12月31日付けで指定格付機関制度は廃止されました. 2012年1月31日現在，**表10.1**で示されている7業者が信用格付業者として登録されています.

　その中でも，格付投資情報センター，日本格付研究所，ムーディーズ・ジャパン，ムーディーズSFジャパン，日本スタンダード＆プアーズは日本国内における主要な格付会社で，主に国内の企業や債券発行体の格付を行っています.

　世界各国の企業（株式と債券の発行体）の信用力を調査研究し，信用格付を行っている格付会社として，アメリカのスタンダード＆プアーズ（S&P：Standard & Poor's）とムーディーズ（Moody's），英国のフィッチ・レーティングス　リミテッド（Fitch Ratings Limited）が知られています.

10.2 信用力の表現：格付について

表 10.1　信用格付業者登録一覧

株式会社格付投資情報センター
株式会社日本格付研究所
ムーディーズ・ジャパン株式会社
ムーディーズ SF ジャパン株式会社
スタンダード＆プアーズ・レーティングズ・ジャパン株式会社
フィッチ・レーティングス・ジャパン株式会社
日本スタンダード＆プアーズ株式会社

参考：金融庁：「信用格付業者登録一覧」(2012 年 1 月 31 日現在)

　信用格付は将来についての評価であるため，必然的に主観的な評価となります．格付機関はできるだけ公平・中立な評価を行うため，複数のアナリストの意見をもとに信用格付を行いますが，主観的な評価となることは避けられません．格付機関のポリシー，見解の相違，方法論は微妙に異なるため，同じ発行体への評価でも格付機関によって信用格付けが異なることがあります．

10.2.2　格付記号：信用力の表現

　格付は企業などの信用力を記号で表しますが，全ての格付会社が同じ記号を使っているわけではありません．表 10.2 はムーディーズ社とスタンダード＆プアーズ社が使っている記号の一部を示しています．

　信用力をもっと細かく表すために，それぞれの格付会社が表 10.2 の記号に数字やプラス，マイナスの記号を加えることがあります．例えば，ムーディーズは Aa ～ Caa まで 1 ～ 3 の数字を用いてさらに細かく分類し，数字が大きくなると信用リスクは高くなります．スタンダード＆プアーズは AA ～ CCC までプラス，マイナスの記号をつけて分類し，上位格に近いものにプラス，下位格に近いものにマイナスの表示をしています．

　これら 2 つの格付機関によって記号の定義は少し違うことがありますが，おおむね対応しています．また，他の格付機関はスタンダード＆プアーズと同じ記号を使っていることが多いです．

表 10.2 信用格付記号の例とその意味

信用力	ムーディーズ	スタンダード＆プアーズ
最高位	Aaa	AAA
信用力は高い	Aa	AA
投資適格程度	A	A
信用力が中程度の水準	Baa	BBB
投機的な要素あり	Ba	BB
信用力に問題あり	B	B
信用力に重大な問題あり	Caa	CCC
非常に投機的安全性が低い	Ca	CC
最も格付が低い	C	C
債務不履行に陥っている	D	D

参考：ムーディーズ・ジャパン株式会社：格付記号と定義(2012年11月)

10.2.3 格付の方法

企業などの格付は，おおむね次の3つの手順を経て，公表されます．
① 定量分析：過去の財務諸表を分析し，将来の財務の状態（主に償還財源と債務のバランス）を予測します．
② 定性分析：当該企業へヒアリングなどを行い，そのデータを分析します．
③ 格付会議：格付機関は，定量分析や定性分析によってアナリストが分析して決めた格付について，格付会議で審議を行い決定します．

格付が発表された後，格付機関は常に財務分析や，ヒアリングなどを行い，信用リスクが上昇あるいは低下したと予想された場合，格付の変更をアナウンスします．

10.3 信用リスクの管理

融資の信用リスク管理には，融資前に融資先の信用力をしっかり把握し，その信用力に相応しい融資条件を設定し，融資を行うことが必要です．また，予想外のことに備えて，デフォルトリスクを第三者に移転する措置を取ることも

重要です.

10.3.1　融資前の審査と融資条件の設定

　融資先の信用力を把握するために，格付のような情報を利用することが一般的ですが，独自に信用調査を行い，内部格付けを行うこともありえます.

　これらの情報をもとに，融資金額，融資期間と融資利子率といった条件を決めます．信用力の高い会社や個人に優しく(多くの資金を長い期間に低い利子率で貸すという意味です)，信用力の低いものに厳しく(少ない資金，短期間，高い利子率)するのは大原則です．審査段階で相手の信用リスクが高いと判定されたら，融資を見送ることもありえます.

10.3.2　融資担保と保証

　格付などは，過去のデータや将来の予測から想定できる状況における企業の信用力を表しています．その意味で想定外の状況が発生したら，企業の信用力が変わります．不確実な未来には想定外のことに備えて，デフォルトのリスクを誰かに移転する措置も必要でしょう.

　デフォルトリスクの移転措置として，融資の担保と保証をつけることが一般的です．債務返済できない場合は，担保にしていた不動産などが債権者に渡され，債権者の損失を軽減することができます．また，債務者が債務返済できなくなったら，融資保証人あるいは保証会社がその債務を肩変わり返済することが融資保証制度です．図 10.2 はその関係を示しています.

10.3.3　債務者モニタリング

　融資した後で，常に融資先の実態把握を行い，格付・自己査定・与信方針などを見直すことで，融資後の問題発生の兆候をいち早く捉え，早期に適切な対応をとることも重要です.

　例えば，与信先から定期的に新しい財務データを入手した段階で行う「決算モニタリング」や，信用状況・与信状況の変動等に応じて都度行う「経常モニ

第 10 章　信用リスクとその管理

担保：借金返済ができない場合，債権者に渡すもの．
　　　土地や不動産などが担保としてよく使われています．

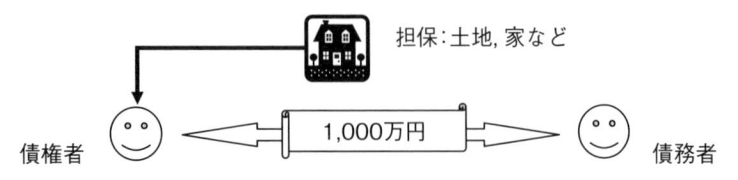

保証：借金返済ができない場合，債務を肩代わり返済すること．
　　　親や親戚などが保証することもあれば，保証会社に保証してもらうこと
　　　もあります．

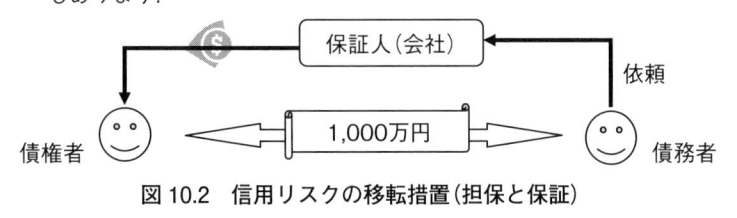

図 10.2　信用リスクの移転措置（担保と保証）

タリング」を実施することが考えられます．

10.4　債権の証券化：信用リスク移転策として

　銀行などが個人や企業に融資する際に，事前の信用調査を厳密に行っても，信用リスクを完全に回避することは困難です．また，個人や企業の信用力が時間の推移に伴い，変化します．信用力が高い個人であっても，病気などで職を失い，住宅ローンの返済ができなくなることがしばしばあります．ライバル商品や企業が現れたら，会社の経営環境が一気に悪化し，倒産することさえありえます．住宅ローンなどの長い時間を掛けて回収する債権に関して，融資後のリスク移転策を講じることは大事であることを理解できるでしょう．

　信用リスクの移転策としてさまざまな金融商品が作られています．住宅ローンなどの債権を証券化し，新しい債券を作り，市場で取引させることが，信用リスクの移転策として，注目を集めています．

　ローン担保証券(CLO：Collateralized Loan Obligation)は債権の証券化の 1

10.4 債権の証券化：信用リスク移転策として

つの例です．ローン担保証券の仕組みを図10.3に示す例を用いて，説明します．

ある銀行が複数の相手に合計10億円を融資したと想定し，融資の年利子率を10%とし，10年目に融資の元本が返済されると仮定します．

ローンの返済が順調に行われていれば，銀行には毎年1億円の利子収益が見込まれます．すなわち，ローンの債務者に対して，銀行が毎年1億円と10年目に10億円を回収する権利をもっています．この債権をベースに作られた債券をローン担当証券といいます．この例では，ローン担当証券の額面値は10億円，年利子率は5%，債券の償還期間は10年間としています．ローン担保証券を市場で投資家へ売却すれば，債務者の信用リスクを投資家に移転することができますし，融資の期末を待たずに早めに融資の回収ができます．

ローン担当証券を販売することで，銀行は元の融資からの利子収益の一部を投資家へ支払いますが，信用リスクを投資家へ移転したことで，投資家への利子を信用リスクの移転コストと見なせます．信用リスクをとらないで収益が得られることから，ローン担当証券は銀行にとって魅力的な金融商品といえます．投資家の立場から見れば，ローン担当証券が銀行預金の金利より高い収益を追求できる商品となり，多少のリスクをとっても購入する投資家が現れるでしょう．

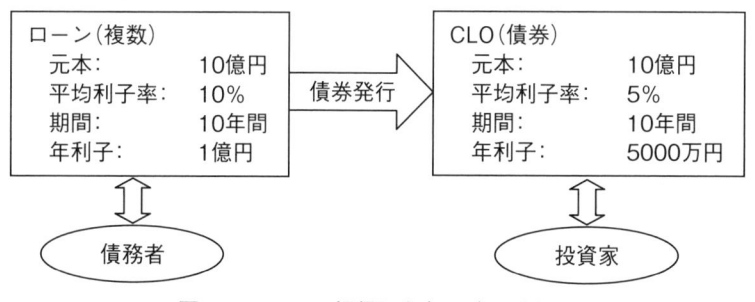

図10.3　ローン担保証券（CLO）の仕組み

第 10 章　信用リスクとその管理

10.5　まとめ

① 信用リスクは約束違反リスクであり，債務が契約どおり支払われない可能性で表現されます．

② 信用リスクを表すのに，格付が用いられています．格付は記号で企業などの信用力を表しますが，客観的なデータに主観的な判断を加えています．

③ 格付は権威のある機関に信用評価をしてもらい，取得しますが，その評価は絶対に正しいというものではありません．

④ 信用リスクの管理には，融資前の信用力把握，信用力にふさわしい融資条件の設定，信用担保と信用保証をしっかり行うことは大事です．融資後は，常に融資先の実態把握を行い，格付・自己査定・与信方針などを見直すことで，融資後の問題発生の兆候をいち早く捉え，早期の適切な対応をとることも重要です．

演習問題

① 関心のある企業の格付情報を2つ以上の格付機関のホームページから調べよう．

② 企業の格付が下がったら，企業とその企業の債券を持っている人それぞれにとって，どのような影響があるのかを述べよう．

③ 信用リスクの移転方法を調べよう．

もっと勉強したい人のための参考文献

① 山内直樹，森田隆大：『信用リスク分析―総論』，金融財政事情研究会，2010

信用リスク分析の入門書として最適です．

② 尾藤剛，大久保豊：『ゼロからはじめる信用リスク管理―銀行融資のリスク評価と内部格付制度の基礎知識』，金融財政事情研究会，2011

信用リスク管理の入門書として最適です．

第 11 章

市場リスクとその管理

本章では金融市場にかかわるリスクを取り上げます．株式市場や外国為替市場では，株やドル円が日々取引されて相場が変動していますが，それに伴って保有する資産・負債の価値も変わってしまうため，状況によっては損失を被る可能性があります．このような市場のリスクをどのように管理し，リスク低減などの対策に繋げていけばよいのかを，事例をもとに解説します．

11.1 はじめに

　日経平均株価や為替相場の値を，新聞やテレビのニュース番組で目にすることがあると思いますが，これらの値は何を表しているのでしょうか．さらに，株価が何円上昇した，為替レートが1ドル何円何十銭で円高傾向にあるなど，前日からみればわずかな金額の変化にしか感じられないのですが，その変化にどのような意味があるのでしょうか．実際に金融市場で株式や債券を取引している投資家にとっては，取引額が数千万円にのぼることもあるので，金融商品の価格が変動することに対して大きな関心をもっています．大きな利益に繋がることもあれば，多大な損失を被ることもありますので，常に価格の変化を注視していることでしょう．また，海外の企業と取引のある企業にとっては，為替レートの変動が収益に大きく影響することから，事前にリスクを回避する手立てを講ずる場合もあるでしょう．保有する資産・負債の価値が，金融市場の動きに応じて変化することにより損失を被るリスクを市場リスクといいます．

　本章では，市場リスクについて紹介し，どのような対策が効果的であるのかを具体的な事例をもとに解説します．

11.2　市場リスク

　市場リスクとは，株式市場や外国為替市場における相場の変動により，保有する資産・負債のポジション（持ち高）の価値が変動し，損失を被る可能性を指します．資産・負債の価値の変動に影響を与える要因を「リスク要因」といいますが，株価・外国為替・金利の値動きに限らず，原油・金などの原資産の値動きもリスク要因となります．ここでは，株式・外国為替・金利を取り上げ，それぞれの市場リスクとその管理について見ていきます．

11.2.1　株式の市場リスク

　投資家が資産運用として複数の銘柄を保有する（ポートフォリオを組む）際に抱えるリスクには，市場全体の動きに連れて変動するリスクと個別銘柄固有の要因で変動するリスクがあります．前者の市場全体の動きを把握するには，日本の株式市場の代表的な指標である日経平均株価と TOPIX があります．一方，個別銘柄固有のリスクについては，複数の業種に分散して投資することにより低減することができます．ここでは，まず市場全体の値動きを表す日経平均株価と TOPIX を紹介し，次いで分散投資によるリスク低減効果と市場リスクの大きさを表す VaR 指標について解説します．

（1）　日経平均株価と TOPIX

　株式市場の動きを総合的に捉えるための指標として，日経平均株価や TOPIX（東証株価指数）が重要な役割を果たしています．日経平均株価は，東京証券取引所の第一部上場銘柄（1,691 社，2012 年 10 月末現在）のうち，市場での取引が活発な（流動性が高い）225 銘柄を対象に算出されます．平均株価とありますので，単純に 225 銘柄の株価を足して銘柄数で割った算術平均を想像しがちですが，銘柄入れ替えや株式分割などの市況以外の要因によって影響されてしまうため，それを修正する方法として米国のダウ・ジョーンズ社が開発した算出法が採用されており，データの連続性が保たれています．なお，米国に

11.2 市場リスク

もダウ・ジョーンズ社が公表するダウ平均株価と呼ばれる指標があります.

一方,市場全体の動きを表すもうひとつの指標として東京証券取引所が提供するTOPIX(トピックス,Tokyo Price IndeXの略.東証株価指数)があります.こちらは東京証券取引所の第1部に上場されている全銘柄(外国株を除く)の時価総額を基準時(昭和43年(1968年)1月4日)の時価総額で割った値として求められたものです.日経平均株価とは算出方法が異なるため同じ動きをするとは限らないのですが,傾向(トレンド)は共通しているので,経済全体の流れを掴むにはどちらも有用です.

図11.1は日経平均株価(実線,左軸)とTOPIX(破線,右軸)の2001年4月から2012年10月までの月次データ(月末の終値)をプロットしたものです.おおよそ連動して推移している様子が確認できます.バブル崩壊以降から下降していた日経平均株価は2003年ごろから上昇傾向に転じましたが,2007年の夏ごろから米国のサブプライム住宅ローン(信用力の低い個人向け住宅融資)問題

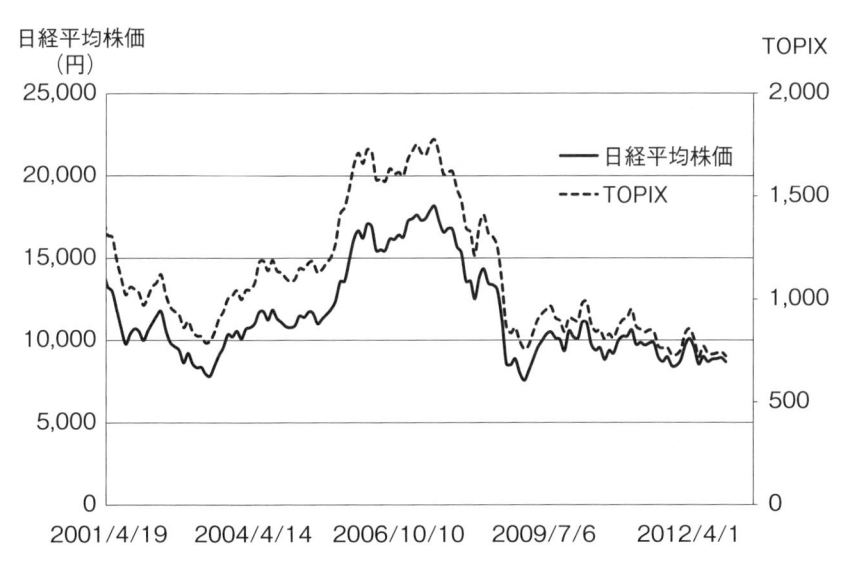

東京証券取引所「統計月報」の情報を基に作成. http://www.tse.or.jp/market/data/

図11.1 日経平均株価とTOPIXの推移

がニュースで取り上げられるようになって，徐々に下落し始め，2008年秋のリーマンブラザーズ社の経営破たんにより大きく下落し，バブル崩壊後の最安値を更新しました．

(2) 分散投資効果

個別銘柄の株価変動には，市場全体の動きにかかわる部分と個別銘柄固有の動きにかかわる部分があります．景気動向の変動などあらゆる銘柄に影響を与えるリスク要因は，市場全体の動きにかかわるため分散投資をしても減らすことのできないリスクといえます．これをシステマティックリスクと呼びます．一方，個別銘柄の持つ固有のリスクは，複数の銘柄に分散して投資することでリスクを低減できます．そのようなリスクをアンシステマティックリスクと呼びます．ここでは2銘柄に投資する場合を例に，リスク低減について解説します．

まず，株式などへの投資の成果を測る指標として収益率を紹介します．投資金額をW_0，現在の資産時価をW_1とすると，収益率は$R = (W_1 - W_0)/W_0$で表せます．例えば，投資金額が100でその資産時価が110に上昇した場合，収益率は10%となります$(R = (110 - 100)/100 = 0.1)$．それでは，複数の銘柄に分散投資する場合は，どのように投資の成果を評価すればよいのでしょうか．

そこで，分散投資の収益率を紹介します．分散投資とは，株式や債券などの複数の金融商品を組み合わせて投資することを指しますが，この組み合わせたものをポートフォリオと呼びます．分散投資の成果はポートフォリオの収益率で評価されます．例えば，X社とY社の株式2銘柄からなるポートフォリオを考えてみます．X社とY社の収益率をR_XとR_Yとし，投資比率をa_Xとa_Y($a_X + a_Y = 1$)として表すと，ポートフォリオの収益率は$R_P = a_X R_X + a_Y R_Y$となります．

ポートフォリオの収益率は，X社とY社の収益率が変化すると連動して変わることになり，両社の収益率がどの程度期待されるかによって，ポートフォリオの収益率の期待度も変わることになります．マーケットでは単位時間あた

11.2 市場リスク

りの収益率の平均のことを期待収益率またはリターンと呼び，その平均からの変動の大きさを表す標準偏差（分散の平方根）のことをボラティリティと呼びます．リスクは相場の変動により保有資産の価値が変化することによる損失の可能性を指していましたが，収益率の標準偏差が大きいほど，より大きな損失を被ることにも繋がることから，標準偏差をリスクの指標として利用することが多いです．

それでは，ポートフォリオのリターンとリスクはどのように表されるのでしょうか．X 社と Y 社の期待収益率（リターン）を μ_X と μ_Y で，標準偏差（リスク）を σ_X と σ_Y で表し，さらに，両社の相関係数を ρ_{XY} で表すと，ポートフォリオのリターン μ_R とリスク σ_R は下記のように表せます．

$$\mu_R = a_X \mu_X + a_Y \mu_Y$$

$$\sigma_R = \sqrt{a_X^2 \sigma_X^2 + a_Y^2 \sigma_Y^2 + 2 a_X a_Y \sigma_X \sigma_Y \rho_{XY}}$$

最後に，分散投資効果について紹介します．例えば，X 社と Y 社のリターン，リスクと相関係数が次の表 11.1 であるとすると，ポートフォリオのリターンとリスクの値は投資比率によって図 11.2 のようになります．

X 社のみに投資した場合，リスクは 15% ですが，X 社に 6 割，Y 社に 4 割と分散して投資することで，ポートフォリオのリスクは 8.5% に減少することが期待されますし，リターンも X 社のみに投資した場合に比べて 0.4% ほど上昇が見込めます．この事例では，銘柄間の相関関係が，一方の値が上がれば他方が下がるという負の相関関係であることから，リスク削減効果が大きく現れています．

表 11.1　リターンとリスク

	リターン	リスク	相関係数
X 社	3%	15%	−0.5
Y 社	4%	20%	

第11章 市場リスクとその管理

a_X	σ_P	μ_P
.0	.200	.040
.1	.173	.039
.2	.147	.038
.3	.124	.037
.4	.104	.036
.5	.090	.035
.6	**.085**	**.034**
.7	.091	.033
.8	.106	.032
.9	.126	.031
1.0	.150	.030

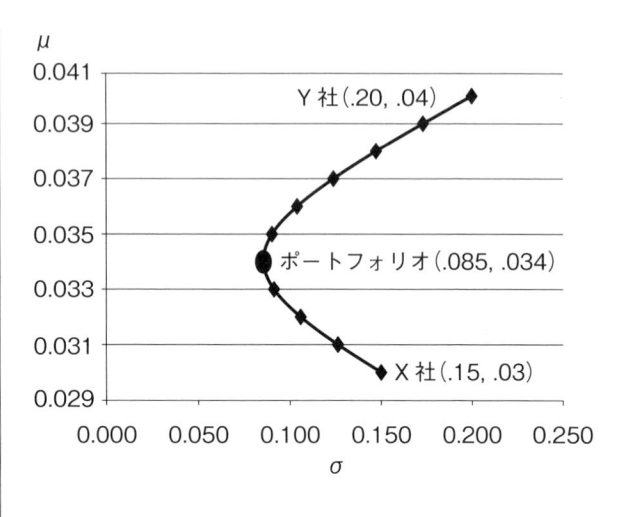

図 11.2 ポートフォリオのリターンとリスク

(3) VaR(バリュー・アット・リスク)

　VaR は，J. P. Morgan の最高経営責任者であった D. ウェザーストーンによって，Risk Metrics TM というリスク計測システムとして1989年に誕生しました．保有資産により構成されたポートフォリオを将来の一定期間保有する(保有期間)場合に，市場価格の変動によってある一定の確率(信頼水準)で被る最大の損失額として計測されるものであり，例えば「信頼水準99% 保有期間5日の VaR が50億円である」とは，現在保有しているポートフォリオを5日間保有し続けたと仮定した場合に，100回中99回までは損失が50億円以内で収まるということを表しています．つまり，5日間でポートフォリオから50億円以上の損失が発生する確率は1%であるともいえます．通常 VaR は金額で表示され，その額が大きいほどポートフォリオの市場リスクが大きいことを表しています．

　VaR により，ポートフォリオがどのような金融資産で構成されていても，ポートフォリオ全体のリスクが把握でき，デフォルト確率を一定の値に抑えるために必要な資金額が見積もれます．ただ，VaR は過去のデータから求めた

標準偏差(ボラティリティ)を用いるため，継続的にデータを取得できない金融商品には不向きです．また，ブラックマンデー(1987年10月19日の月曜日に起きた株価大暴落)のような特殊なケースは想定していないため，大きなイベントに対するリスク評価については，ストレステストなどにより別途把握する必要があります．

11.2.2 外国為替の市場リスク

為替リスクとは，為替相場の変動により，保有する外貨建て資産・負債の価値が変動することにより被る損失リスクのことを指します．ここでは，為替レートについて概説し，為替リスクとその管理について紹介します．

(1) 為替レート

為替レートとは，自国の通貨と外国通貨の交換比率のことであり，相対的価値を表しています．具体的には，"1ドルあたり何円"という数字で表され，"円高ドル安"といった現在までの変動傾向に注目が集まります．円高により海外旅行者が増えたり，海外ブランド品の購入が増えたりと景気のよいニュースを聞くこともありますが，よいことばかり起きるといえるでしょうか．たとえば，売値が1個100円で製造コスト1個あたり10円の商品を海外に輸出するときに(取引に関わるコストは0とする)，為替レートが1ドル = 100円から1ドル = 90円に変わったとしたら(円高ドル安)，どのような影響が起きると考えられるでしょうか．取引先である海外の企業から1個1ドルの値段で10,000個の受注があった場合，1ドル =100円であれば90万円($=10000 \times 100 - 10000 \times 10 = 10000 \times 90$)の利益となったのですが，1ドル =90円の場合は80万円($= 10000 \times 90 - 100000 = 10000 \times 80$)にしかならず，10万円の利益をふいにすることになります．当初と同じ90万円の利益を得ようとするには，値段を1個1.12ドルで販売するか($= 10000 \times 1.12 \times 90 - 100000 = 908000$)，1個1ドルのままで販売するのであれば相手企業に1,250個分の追加発注をしてもらわなければなりません($1250 \times 90 - 1250 \times 10 = 1250 \times 80 = 10$

第11章　市場リスクとその管理

図 11.3　為替レートの推移

日本銀行「金融経済統計月報」の情報をもとに作成．http://www.boj.or.jp/

万円)．

　ニュースで報道される為替レートは主に米ドルやユーロといった国際決済通貨ですが，特に米ドルは世界の基軸通貨(国際間の決済などに広く用いられる通貨)であり，日本の貿易の多くがドルで取引されていることから注目されています．図 11.3 は，米ドル(実線)とユーロ(破線)の 2001 年 4 月から 2012 年 10 月までの月次データ(月末の終値)をプロットしたものです．2008 年以降は，ともに円高傾向に推移している様子が見られます．

(2)　為替のリスク管理

　外国為替リスクには，大きく分けると 3 つのリスクがあります．1 つ目は，外貨建て取引の契約時と決算時の時価評価が，為替レートの変動により影響を受けるリスクであり，2 つ目は，企業の営業成績や財務状態が記録されている財務諸表において，為替レートの変動で外貨建て債券の決算時の時価評価額が

変動するリスクです．さらに，為替レートの変動が企業の競争力・収益力に間接的に影響を与えるリスクもあります．

為替レートのリスク管理は，デリバティブ（金融派生商品）など，さまざまな手法を用いて行われています．例えば，為替リスクヘッジの手法として，通貨オプションを利用する場合があります．決められた満期日に決められた金額（権利行使価格）で取引するという契約を約定日に結ぶもので，具体的には，100円で1ドル買うというオプション（コールオプション）を購入した場合（取引手数料は0とします）を考えます．もし，満期日の時点で為替レートが1ドル110円であれば，権利行使して1ドルを100円で購入し，110円で市場に売れば10円の利益が生まれることになります．一方，為替レートが1ドル90円と円高になった場合，市場の方が安く手に入るため，オプションの権利を放棄することができます．ドル買い（コールオプション）・ドル売り（プットオプション）の違いや，満期日まで権利行使できないもの（ヨーロピアンタイプ）・いつでも権利行使できるもの（アメリカンタイプ）など，さまざまなオプション取引が提案されており，それらを組み合わせてリスクをヘッジしています．

11.2.3　金利の市場リスク

最後に，金利リスクについて取り上げます．金利の変動によって，債券など資産・負債価値が変動することで被る損失リスクを指します．ここでは，金利について概説し，リスク管理の方法について触れます．

(1)　金利とは

銀行に一定期間（例えば1年間）お金を預けると利息がついてきます．つまり，預けた金額（元金）以上のものが受け取れることを意味し，その差額は預金者によって利益となります．一方，銀行からお金を借りた場合，元金以上の返済が求められます．その差額は銀行側の利益となります．この元本からの差額が利子であり，利子の大きさを元金に対する比率で評価したものが利子率または年利（金利）と呼ばれます．例えば，銀行に100万円を預けたとき，1年間で

第 11 章　市場リスクとその管理

2 万円の利子がついた場合，利子率は 1 年間に 2%（年利）となります．この金利が高いと，企業はお金を借りる際に利子が大きくなるため，投資は抑制されるし，低いとお金を借りやすくなるため，採算が合わなかった事業を推進することができるなど，経済活動に大きな影響を与えるといえます．

金利には，銀行間で 1 日だけ資金を賃貸する際に適用される短期の金利と，住宅ローンのような長期の賃貸の金利があります．具体的には，担保が必要なく，売買取引が成立した翌日に返済が行われる無担保コールレート・オーバーナイト物が短期金利の代表的なものといえます．そして長期金利は，10 年物国債利回りを指すのが一般的で，金融政策の影響を受けやすい短期金利に比べ，期待インフレ率（将来の物価上昇率予想），期待成長率（将来予想される経済成長率），リスク・プレミアム（将来の不確実性に対して投資家が要求する金利の上乗せ分）などさまざまなものから影響を受けていると考えられます．図 11.4 は短期金利（オーバーナイト物，3 カ月物）と長期金利（国債 1 年物，5 年物，

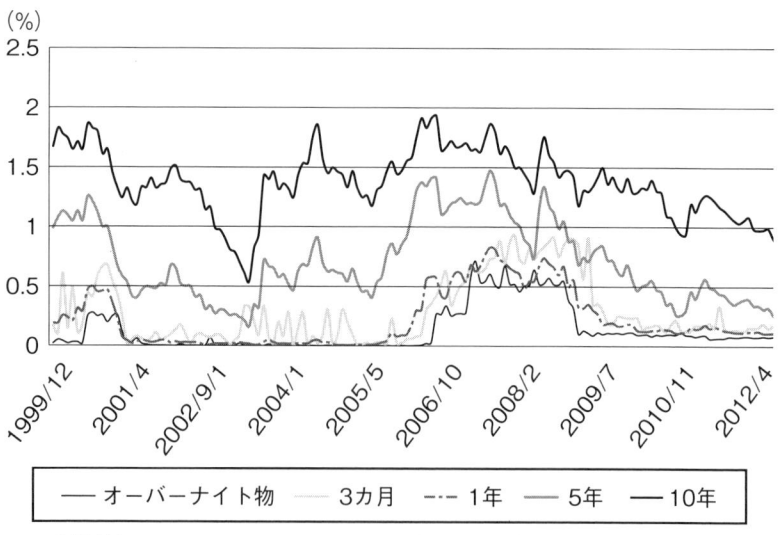

日本銀行 (http://www.stat-search.boj.or.jp/) と財務省 (http://www.mof.go.jp/) のデータをもとに作成．

図 11.4　金利の推移

10 年物)の 2000 年 1 月から 2012 年 10 月までの推移です．

(2) 金利のリスク管理

　市場リスクを管理するためのリスクマネジメント手法として，従来から，感応度分析が用いられています．この手法は，個別の金融商品やポートフォリオのリスク特性を分析する際に，リスク要因が微少に変化したときに価値がどれくらい変化するかを捉えるもので，それぞれのリスク要因に対する感応度を把握することにより，どの程度のリスクをとっているのかを見極めることが可能となります．例えば，金利リスクの場合を例にとれば，感応度分析の中でもBPV（ベーシス・ポイント・バリュー）手法を用いた場合，金利のイールドカーブ（利回り曲線，金利と満期までの期間の関係を表したもの）を一律平行移動させたときのポートフォリオの価値変化を表すことから，ポートフォリオが全体として金利上昇に強いのか，弱いのかを把握することができます．感応度分析は，リスク要因を個別に評価するのには適していますが，さまざまなリスク要因を統合した総合的なリスク量を計測するには，VaR が有効です．

11.3　まとめ

① 市場リスクとは，株式市場や外国為替市場における相場の変動により，保有する資産・負債のポジション（持ち高）の価値が変動し，損失を被る可能性を指します．
② 主なリスク要因として，株価，為替レート，金利があります．
③ 株式や債券などを組み合わせてポートフォリオとして分散投資することでリスクを低減できます．

演習問題

① 東京証券取引所に上場している会社の中で，株価の値動きが連動している会社と，連動していない会社のペアを見つけてみよう．（東京証券取引所のホームページ http://www.tse.or.jp/ 参照）

第 11 章　市場リスクとその管理

②　銀行ではどのように市場リスク管理を行っているのかを調べてみよう．

もっと勉強したい人のための参考文献

①　家森信善：『はじめて学ぶ金融のしくみ　第 3 版』，中央経済社，2011.
金融のしくみについてわかりやすく書かれています．

②　可児滋：『金融リスクのすべてがわかる本』，日本評論社，2006.
本書で紹介したテーマ以外の金融リスクについて，わかりやすく解説されています．

③　木島正明，鈴木輝好，後藤充：『ファイナンス理論入門 金融工学へのプロローグ』，朝倉書店，2012.
ファイナンス全般について，やや詳しく書かれています．

④　ジョン・C・ハル著，竹谷仁宏訳：『ファイナンシャルリスクマネジメント』，ピアソン・エデュケーション，2008.
ジョン・ハルの訳本．読み応えのあるテキストです．

⑤　東京リスクマネジャー懇談会編：『金融リスクマネジメントバイブル』，きんざい，2011.
実務者の方々が書かれたテキストで，体系的に書かれています．

⑥　古川浩一，蜂谷豊彦，中里宗敬，今井潤一：『基礎からのコーポレート・ファイナンス　第 3 版』，中央経済社，2006.
ファイナンス全般について解説されていますので，初学者向けのテキストです．

第 12 章

企業の投資意思決定とリスク

> 本章では，はじめに投資プロジェクトの評価に必要な概念である現在価値，割引率，リスクプレミアムや正味現在価値などについて説明します．そのうえで，正味現在価値によって投資プロジェクトを実施するか，あるいは延期，中止するかの評価法について説明します．

本章では，はじめに投資プロジェクトの評価に必要な概念である現在価値，割引率，リスクプレミアム，正味現在価値などを概観し，最後に投資プロジェクトの評価について説明します．

企業にはさまざまな投資プロジェクトが存在し，投資プロジェクト実施の正当性を明らかにするために，「投資コストはいくらになるか？」，「プロジェクトからの収益はどの程度か？」といった経済的な評価を行う必要があります．また，投資の判断にあたっては，現時点のみならず将来の状況も踏まえて評価をする必要がありますので，現在の価値だけではなく，将来の価値も含めて考えなければいけません．さらに，投資行動による将来の収入や費用が確実には予測できないといったリスクを考えて，企業は投資の意思決定をする必要があります．そのリスクの程度は，それぞれの企業によって異なります．そのため，投資プロジェクト評価では，現在価値や割引率，リスクプレミアムといった概念を用います．

12.1 現在価値

現時点と将来のそれぞれのお金の価値は同じでしょうか．例えば，現時点においてAさんは10万円を保有しているとします．また，Bさんは1年後確実

第 12 章　企業の投資意思決定とリスク

に 10 万円手に入れることができるとします．10 万円の価値は，A さんと B さんにとって同じでしょうか．

　これは以下のように考えます．1 年後，確実に手に入る 10 万円というのは，現時点において，ある額を銀行に預金し，1 年後に元本と利息を含めて 10 万円になると考えます．金利 1% のとき，1 年後，10 万円となる，ある額とは，

$$\frac{10}{1+0.01} = 9.90$$

となります．すなわち，現時点において 9.9 万円を預金した場合，1 年後には 10 万円になるということです．この 9.9 万円を 1 年後における 10 万円の現在価値といいます[1]．現在価値である 9.9 万円は，10 万円を 1.01 で割った値となりますが，この作業を割引といい，このときの 0.01 を割引率といいます．上記の計算でわかるように，金利と割引率は同様のものであり[2]，現在の価値に対して，その将来の価値を求めたいときの価値の割合を金利といい，逆に，将来の価値に対して現在の価値を求めたいときの割合を割引率といいます．

　2 年後以降の現在価値は，どのように求めたらよいのでしょうか．これも 1 年後の現在価値と同じように考えます．現在，手元に X 万円あるとします．2 年後，元利と利息含めて 10 万円になるとき，$X(1+0.01)(1+0.01)=10$ から，

$$X = \frac{10}{(1+0.01)^2} = 9.80$$

となります．すなわち，2 年後における 10 万円は，現時点の価値で 9.8 万円となります．同様に，3 年後の 10 万円の価値は，

$$\frac{10}{(1+0.01)^3} = 9.71$$

となります．

　以上をまとめると，t 年後の価値 X_t の現在価値は，割引率 r のとき，

---

1)　本章の関連文献において，割引現在価値というときもあります．
2)　後述のとおり，リスクを考える際の割引率は，金利と同様の値にはならないことに注意しましょう．

$$\frac{X_t}{(1+r)^t}$$

となります.

12.2 資本コスト

前節では,ある価値が確実に手に入るときのリスクがゼロ[3]であるとき,すなわち,無リスクであるときの割引率(これをリスクフリーレートといいます)を用いて現在価値を求めました.それでは,将来得られる価値が大きくなるのか,小さくなるのかわからないような不確実であるような状況では,リスクフリーレートをそのまま使うことができるのでしょうか.本節では不確実な状態,すなわち投資にリスクがあるときに要求されるリスクプレミアムの考え方を導入します.

例えば,銀行預金や国債を購入することで無リスク(元本を失うおそれがない)で金利を得ることでできます.一方で,ある企業のリスクがあるプロジェクトに投資をする(お金を貸す)とします.このとき,貸し手が企業に要求する収益率は,上の無リスク金利より高いものとなります.もし,リスクがあるプロジェクトの収益率が無リスク金利より低ければ,銀行預金や国債を購入することの方が確実に金利分を得ることができます.このリスクのあるプロジェクトに投資するということは,リスクがある分,無リスク金利より高い収益率を望むためです.この投資家側から要求する収益率を期待収益率といいます.また,期待収益率とリスクフリーレートとの差をリスクプレミアムといいます.すなわち,期待収益率を μ,リスクフリーレートを r,リスクプレミアムを p とすると,

---

[3] あらゆる自然現象,社会経済現象において,「リスクがゼロ」であるという状況は考えられませんが,前節では,仮にリスクがまったく存在しないという理想的な状況を考えました.

第 12 章　企業の投資意思決定とリスク

$$p = \mu - r \tag{12.1}$$

となります．この関係式から，期待収益率を

$$\mu = r + p \tag{12.2}$$

と表すことができます．この式は，投資家がリスクプレミアム分だけ無リスク金利より高い収益率を期待するということを表しています．このリスクプレミアムは，プロジェクトによって異なります．将来得られる価値の大小の差が大きいようなリスクが大きい場合は，そのリスクプレミアムは大きくなり，将来の価値がおおよそわかっているようなリスクが小さい場合は，リスクプレミアムは小さくなります．

期待収益率 μ は，投資家側にとって，要求することのできる収益率ですが，企業側にとっては投資家に支払うべきコストとなります．この期待収益率を企業側では，資本コストといいます．すなわち，期待収益率と資本コストは同じであるということです．企業は，この資本コスト，すなわち期待収益率を推定して，割引率として用いることで現在価値を求めます[4]．

それでは，この資本コストをどのように推定するのでしょうか．推定方法の一つとして資本資産評価モデル(CAPM：Capital Asset Pricing Model：キャップエム)を用いる方法があります．CAPM は市場ポートフォリオ[5]のリスクプレミアムとある企業の株式のリスクプレミアムの関係を表したものです．市場ポートフォリオのリスクプレミアムを p_M，株式のリスクプレミアムを p とすると，

---

[4]　実際には，株式資本コストと負債資本コストを加重平均した加重平均資本コスト(WACC：Weighted Average Cost of Capital：ワック)が用いられますが，本書では，紙幅の制約のため，資金調達や負債に関する説明は行いませんので，単に「資本コスト」とします．

[5]　例えば，日経平均や TOPIX のようなものです．

12.2 資本コスト

$$p = \beta p_M \tag{12.3}$$

となります.ここで,β は,企業のリスクプレミアムが,市場ポートフォリオのリスクプレミアムからどの程度乖離するか,もしくは,市場ポートフォリオのリスクプレミアムが変化した場合,その何倍変化するか示す指標です.β が大きいほど,リスクプレミアムの高い,すなわちリスクの大きい株式であるということになります.さらに,式(12.1)のリスクプレミアムと期待収益率の関係式を用いて式(12.3)を表すと,

$$\mu - r = \beta(\mu_M - r) \tag{12.4}$$

となります.ここで μ と μ_M は,それぞれ企業の株式と市場ポートフォリオの期待収益率を表しています.さらに式(12.4)は,

$$\mu = r + \beta(\mu_M - r) \tag{12.5}$$

と表すことができます.式(12.5)から,期待収益率は,市場ポートフォリオの期待収益率,リスクフリーレート,β が既知であれば,推定することができます.例えば,市場ポートフォリオの期待収益率が7%,リスクフリーレートが1%,ベータが1.5のとき,期待収益率は10%となります.式(12.2)と式(12.5)を比較すると,式(12.5)の右辺第2項の $\beta(\mu_M - r)$ は,リスクプレミアム p に相当することがわかります.すなわち,

$$p = \beta(\mu_M - r)$$

となり,式(12.3)を表しています.

以上をまとめ,リスクがある将来価値 X_t の現在価値は,上の資本コスト(期待収益率)を用いると,

$$\frac{X_t}{(1+r+p)^t} \tag{12.6}$$

となります.リスクが大きい企業(の株式)は,そのリスクプレミアムが大きく

なり，その結果，資本コストも大きくなります．資本コストが大きくなると，式(12.6)から現在価値は小さく見積もられることがわかります．すなわち，リスクが大きい企業やプロジェクトの価値は，現在価値が小さく評価されるということです．

12.3　正味現在価値

前節までは，将来においてある額のお金があるとして，それが現時点ではどの程度の価値をもつのかを評価してきました．つづいて本節では，より現実的にプロジェクトの過程で毎年の売上や費用などのお金の出入りがある場合を考えます．

企業は投資を行い，プロジェクトが開始されると，毎年，売上収入が入ってきます．一方で，そのプロジェクトを続けるために，原材料費，人件費，電気代などのコストがかかります．毎年の売上収入からそれらのコストを引いたものをキャッシュフローといいます．t年後のキャッシュフローC_tが確実に得られるとわかっているとき，その現在価値は，

$$\frac{C_t}{(1+r)^t}$$

となります[6]．ここで，プロジェクトのキャッシュフローは毎年確実に得られるものとして，プロジェクトが5年間続くときの総収益は，

$$C_0 + \frac{C_1}{1+r} + \frac{C_2}{(1+r)^2} + \frac{C_3}{(1+r)^3} + \frac{C_4}{(1+r)^4} + \frac{C_5}{(1+r)^5} \quad (12.7)$$

となり，各年におけるキャッシュフローの現在価値の総和として表されます．式(12.7)を和の記号$\sum$で表すと，

$$\sum_{t=0}^{5} \frac{C_t}{(1+r)^t}$$

6）　本章の関連文献によっては，キャッシュフローの現在価値を求めることをDiscounted Cash Flow (DCF)法と呼ぶこともあります．

となります.

さて，このプロジェクトは実施する価値があるでしょうか．このプロジェクトを開始するためにかかわる投資コストを I とします．例えば，ある製品開発のプロジェクトであるとき，その工場の建設にかかわるコストが投資コストであるとします[7]．プロジェクトから得られるキャッシュフローの現在価値の総和から投資コストを引いた値を，正味現在価値(NPV: Net Present Value)といいます．上の例での NPV は，

$$\text{NPV} = \sum_{t=0}^{5} \frac{C_t}{(1+r)^t} - I$$

となります．NPV が正の値であれば，投資により正の価値を生み出すということですので，投資を実施するという判断をします．一方，NPV が負の値であれば，プロジェクトから投資コスト以上の収益は期待できないということになりますので，プロジェクトを延期，もしくは中止という判断をくだします．

12.4 投資プロジェクト評価

前節では，毎年のキャッシュフローが確実に得られるようなリスクのない状況での NPV を示しました．ここでは，リスクのある状況を考えて，実際により近い NPV を用いた投資プロジェクト評価について説明します．

将来得られるキャッシュフローの確実な値はわかっていませんが，平均値[8]はわかっているものとします．t 年目のキャッシュフロー C_t の平均値を $E[C_t]$ と表し，キャッシュフローが永遠に得られるものとするときの NPV は，投資コスト I のとき，

$$-I + C_0 + \frac{E[C_1]}{1+r+p} + \frac{E[C_2]}{(1+r+p)^2} + \frac{E[C_3]}{(1+r+p)^3} + \cdots$$

---

7) ここでは，総額 I が現時点においてかかったものとします．
8) もしくは，期待値といいます．期待値などの確率の基礎については，次章で説明します．

第12章 企業の投資意思決定とリスク

となります．1年目以降のすべてのキャッシュフローの平均値が現時点のキャッシュフローの値 C_0 と等しいとしたとき，NPV は，

$$-I + C_0 + \frac{E[C_1]}{1+r+p} + \frac{E[C_2]}{(1+r+p)^2} + \frac{E[C_3]}{(1+r+p)^3} + \cdots$$

$$= \sum_{t=0}^{\infty} \frac{C_0}{(1+r+p)^t} - I \tag{12.8}$$

となります．式(10.8)はさらに，まとめることができ，

$$\sum_{t=0}^{\infty} \frac{C_0}{(1+r+p)^t} - I = \frac{C_0(1+r+p)}{r+p} - I \tag{12.9}$$

となります[9]．式(12.9)から，リスクプレミアム p が大きいほど，キャッシュフローの現在価値の総和の値は小さくなり，NPV が正の値をとることが難しくなります．すなわち，リスクの大きいプロジェクトほど，投資実施の判断をくだすことが難しくなるということです．例えば，r が 1%，p が 9%，I が 100 億円のとき，さまざまなキャッシュフローの値 C_0 に対する NPV が**図 12.1** に示されています．C_0 が 9.09 億円／年を境に大きい値をとるとき，NPV は正の値をとり，小さいとき，NPV は負の値になります．この 9.09 億円／年という値は，投資実施の採否の判断をくだす重要な値であり，投資の閾値といいます．ここで，投資の閾値を C^* とすると，キャッシュフローのレベルが C^* 以上であれば，投資を実施することが合理的となります．式(12.9)において C^* は，

$$C^* = \frac{I(r+p)}{1+r+p}$$

となります．リスクプレミアムが大きくなると，C^* は大きい値になりますので，ここにおいても，リスクが大きいプロジェクトは，投資実施の機会が減少することがわかります．

9） 等比数列の和の関係式 $\sum_{t=0}^{\infty} \alpha^t = \frac{1}{1-\alpha}$ （$\alpha < 1$）を使います．

12.5 応用例：競合する家電メーカの NPV 比較

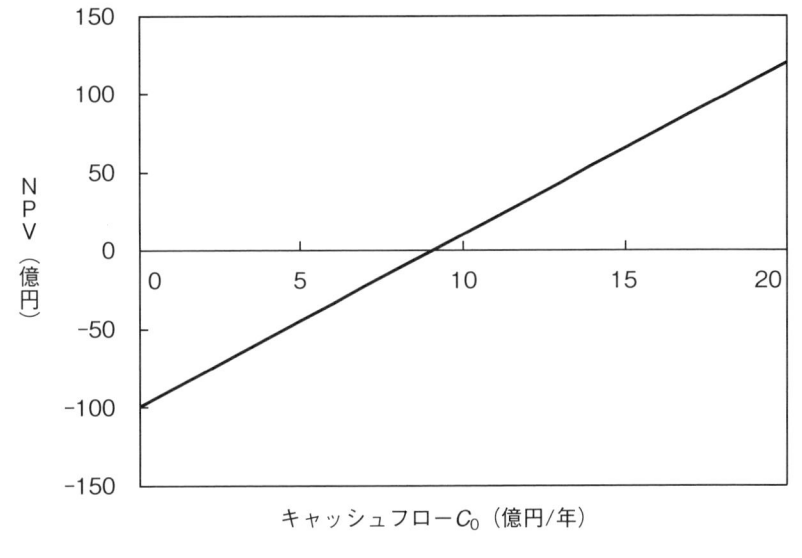

図 12.1　キャッシュフローのレベルと NPV の関係

12.5　応用例：競合する家電メーカの NPV 比較

　それでは，上で示した投資プロジェクト評価手法を用いて，以下のような問題を考えてみましょう．2つの競合する家電メーカA社とB社が，新しい液晶テレビを生産し，販売しようと考えています．これまでの実績を考えると，A社の液晶テレビの方の人気が高く，売上はその分高いことが予想されています．しかしながら，企業内での他のプロジェクトが不調であることから，A社の方がB社より，事業全体としてのリスクが高いと見なされています．このような状況でのそれぞれの企業のNPVを計算してみましょう．まず，それぞれの企業に対して，液晶テレビの新製品を生産する投資コストとその売上から発生する5年間の予想(期待)キャッシュフローは，**表12.1**のようになるとします．投資コストとキャッシュフローの値そのもので比較した場合，投資コストは50億円と同じ値であり，企業Aの方が毎年の期待キャッシュフローが

第12章　企業の投資意思決定とリスク

表12.1　投資コストとキャッシュフロー(単位：億円)

	現在	1年目	2年目	3年目	4年目	5年目
企業A	-50	120	120	120	120	120
企業B	-50	100	100	100	100	100

20億円分高いことから，A社の方が全体の利益が高いことになります．

それでは，前節で示したように現在価値で評価をした場合はどのようになるでしょうか．割引率，特にそれぞれの企業のリスクプレミアムを考える必要があります．仮にA社とB社のリスクプレミアムはそれぞれ15%, 6%とします．リスクフリーレートを1%としたときのそれぞれのNPVを計算してみましょう．

企業AのNPVは，

$$-50 + \frac{120}{1+0.16} + \frac{120}{(1+0.16)^2} + \frac{120}{(1+0.16)^3}$$
$$+ \frac{120}{(1+0.16)^4} + \frac{120}{(1+0.16)^5} \cong 343 \tag{12.10}$$

となります．企業BのNPVも同様に，

$$-50 + \frac{100}{1+0.07} + \frac{100}{(1+0.07)^2} + \frac{100}{(1+0.07)^3}$$
$$+ \frac{100}{(1+0.07)^4} + \frac{100}{(1+0.07)^5} \cong 360 \tag{12.11}$$

となります．式(12.10)と式(12.11)を比較すると，企業BのNPVが，17億円分高いことになります．

このように，キャッシュフローや投資コストの値のみで投資の判断を下すことはできず，リスクを考慮したNPVの値によって投資の意思決定を行う必要性がわかります．

12.5 応用例：競合する家電メーカの NPV 比較

演習問題

1. 市場ポートフォリオの期待収益率が7％，リスクフリーレートが1％，βが1.5のとき，この株式の期待収益率が10％となることを確かめましょう．また，このときの株式のリスクプレミアムを求めましょう．

2. βが小さくなるに従い，将来価値X_tの現在価値の大きさは，どうなるでしょうか．

3. 式(12.9)において，NPVがリスクプレミアムpに対して減少関数となることを示してください（ヒント：pについて微分しましょう）．

4. プロジェクトの寿命がT年であるとき，式(12.9)は，どのような式に変わるでしょうか．また，その求めた式に関して$T\to\infty$の極限をとると，式(12.9)になることを確かめましょう．

5. リスクプレミアムの値が大きくなるに従って，投資の閾値はどうなるでしょうか．

もっと勉強したい人のための参考文献

　本章では，企業の投資プロジェクトの評価について説明してきました．この「投資プロジェクトの評価」は，コーポレートファイナンスにおける「企業の投資決定」の一部分で，本章の内容をさらに深めるには，企業の投資決定のみならずコーポレートファイナンス全体を知る必要があります．そこで，ここではコーポレートファイナンスのテキストをいくつか紹介します．

　まず，最初に読むことをお薦めするテキストとして以下のものがあげられます．

① 　砂川伸幸：『コーポレート・ファイナンス入門』，日本経済新聞出版社，2004

ファインスの知識や数学の技術などを必要とせず，コーポレートファイナンスの基礎を身につけることができます．特に，資本コストの説明は非常にわかりやすいと思います．

　この次に読むテキストとして，以下の2つがあげられます．

② 古川浩一, 蜂谷豊彦, 中里宗敬, 今井潤一:『基礎からのコーポレート・ファイナンス』, 中央経済社, 1999

③ 澤木勝茂, 鈴木淳生:『コーポレート・ファイナンス』, ミネルヴァ書房, 2011年

数学的な技術が必要ですが, 金融工学に関する説明も一部あり, コーポレートファイナンスを金融工学と一緒に学びたい人にはお薦めです.

　上の2冊とは別の角度から入門書の次に読むテキストとして, 以下のものがあげられます.

④ 砂川伸幸, 川北英隆, 杉浦秀徳:『日本企業のコーポレートファイナンス』, 日本経済新聞出版社, 2008

企業の事例や実際の数値などを用いながら, コーポレートファイナンスを理解することができるテキストです.

　さらに, 勉強したい人のために大学院レベルのテキストを紹介します.

⑤ Brealey, R.A., Myers, S.C., Allen, F., *Principles of Corporate Finance 8th edition*, McGraw Hill, 2006 (藤井眞理子, 国枝繁樹監訳:『コーポレートファイナンス』, 日経BP社, 2007)

このテキストは非常に有名で, コーポレートファイナンス関連の研究を志すほとんどの人が読んでいるテキストです. 質, 量ともかなりボリュームはありますが, 理論の説明から実例の紹介まで網羅されており, 辞書として手元においておいてもよいかもしれません.

第 13 章

リスクに対応した柔軟性のある投資意思決定

> 投資を実施するタイミングは，現時点のみで決定されるのではなく，将来の時点も含めることが多いものと考えられます．さらに，キャッシュフローの変化も考慮して投資の意思決定をすることが考えられます．そこで本章では，はじめに，確率の基礎事項を示し，柔軟性のある投資プロジェクトの意思決定に関して基本モデルを用いて説明し，最後に評価モデルを用いた分析を行います．

第 12 章では，投資プロジェクトの評価，特にプロジェクトの価値とリスクの関係について説明しました．そこでは，プロジェクトのリスクをリスクプレミアムによって表現し，キャッシュフローの変化については平均値を用いました．投資の判断については，現時点において，NPV が正であれば投資を実施し，負であれば延期，もしくは中止するというものでした．しかし，現実的には，投資を実施するタイミングは，現時点のみで決定されるのではなく，将来の時点も含めることが多いものと考えられます．さらに，キャッシュフローの変化も考慮して(平均値として見るのではなく)投資の意思決定をすることが考えられます．そこで本章では，はじめに確率の基礎事項を示し，柔軟性のある投資プロジェクトの意思決定に関して基本モデルを用いて説明し，最後に評価モデルを用いた分析を行います．

13.1 不確実性とリスク

「将来，どのような値をとるか不確実である」という場合の「不確実」とは，どのようなことでしょうか．地震のように，いつ，どこで起きるか予測がまっ

第13章 リスクに対応した柔軟性のある投資意思決定

たくできないということなのでしょうか．もしくは，天候のように，雨や晴れなどの次の日における天気の確率はわかるが，確実にはそうならないということなのでしょうか．このように，「不確実性」とはさまざまな意味があり，それぞれの分野によって異なるので，何らかの定義をする必要があります．ここで用いる「不確実性」とは，将来取りうる値を確率によって表現できるものとします．また，「不確実性がある」と「リスクがある」は同等のものとして扱います[1]．以上を踏まえて，確率の基礎について説明を行います．

あるプロジェクトに投資をして，$\frac{1}{2}$の確率で9,000万円得ることができ，また，$\frac{1}{2}$の確率で1,000万円得ることがわかっていることとします．9,000万円得ることができるかもしれないし，1,000万円にとどまるかもしれない，その確率は五分五分だということです．このようなとき，手に入る金額をどのように評価したらよいのでしょうか．ここでは，確率を用いて評価します．9,000万円や1,000万円のように，将来，手に入る金額が決まっておらず，確率的にしか扱えないような変数を確率変数といいます．また，このようなとき，9,000万円と1,000万円の平均値（期待値）で評価します．期待値は，確率変数の値をそれぞれの値が現れる確率で重みづけをした（加重した）平均で表されます．上の例の期待値は，

$$\frac{1}{2} \times 900 + \frac{1}{2} \times 1{,}000 = 4{,}500 + 500 = 5{,}000$$

となります．それでは，次のような例を考えてみましょう．上の例と同様にプロジェクトに投資しますが，$\frac{1}{2}$の確率で6,000万円得ることができ，また，$\frac{1}{2}$の確率で4,000万円得ることがわかっている状況です．この期待値を求めると，

$$\frac{1}{2} \times 6{,}000 + \frac{1}{2} \times 4{,}000 = 3{,}000 + 2{,}000 = 5{,}000$$

1） 経済学者のナイト（Frank H. Knight, 1885-1972）は，確率を用いて表現することのできる不確実性を「リスク」とし，確率を用いることのできない不確実性を「真の不確実性」と定義しています．

となり，上の例と同じ期待値の 5,000 万円をもつことがわかります．この 2 つの例において，同じ期待値をもつので，同等の収益のプロジェクトであると判断してもよいでしょうか．確率変数の値そのものを見るとわかるように，1 つ目の例と 2 つ目の例では，上方と下方の確率変数の振れ幅が異なります．1 つ目の例の方が，2 つ目の例よりも振れ幅が大きいですね．このような振れ幅を表すのに確率では，分散，もしくは標準偏差を用います．分散は，確率変数と期待値との差の 2 乗の値をそれぞれの確率で加重した平均で表されます．さらに，標準偏差は，分散の平方根をとったものです．1 つ目の例の分散は，

$$\frac{1}{2} \times (9{,}000 - 5{,}000)^2 + \frac{1}{2} \times (1{,}000 - 5{,}000)^2 = 16{,}000{,}000$$

となります．このときの標準偏差は $\sqrt{16{,}000{,}000} = 4{,}000$ です．2 つ目の例の分散は，

$$\frac{1}{2} \times (6{,}000 - 5{,}000)^2 + \frac{1}{2} \times (4{,}000 - 5{,}000)^2 = 1{,}000{,}000$$

となり，このときの標準偏差は $\sqrt{1{,}000{,}000} = 1{,}000$ です．このように，分散や標準偏差によって，将来得られる金額の振れ幅を評価することが可能となります．

　経済学や投資理論の世界では，将来得られる価値の分散や標準偏差が大きいときは，不確実性やリスクが大きいと見なします．上の例ですと，1 つ目の例と 2 つ目の例では，将来得られる期待値は同じでも，1 つ目の例の方が，リスクが大きいプロジェクトだと判断します(章末問題)．また，分散や標準偏差が限りなくゼロに近づくときは，将来得られる価値は，ほぼ確定的となるので，不確実性がない，もしくはリスクがゼロである状況であると判断します．

13.2　2 期間モデル

　プロジェクトを現時点で実施する方がよいか，もしくは，将来に実施を先延ばしした方がよいか，というプロジェクト実施のタイミングを判断する例を示します．

第13章　リスクに対応した柔軟性のある投資意思決定

ある製品開発の投資プロジェクトにおいて生産のための工場の設置を検討している状況を考えましょう．工場を設置することにより製品が生産され，そのプロジェクトに対して収益が発生します．その製品の需要は不確実であり，それに伴う収益も同様に不確実性が存在します．

0期目(現時点)で投資を行うときは，プロジェクトから得られる収益が200億円であることがわかっているとします．0期目に投資をせず延期して，1期目(1年後)に投資を行った場合，プロジェクト収益は不確実なものとなり，$\frac{1}{2}$の確率で300億円，また，$\frac{1}{2}$の確率で100億円となるとします(図13.1)[2]．工場設置のコストは150億円で，割引率を10%とするとき，どの時点で投資を行うべきでしょうか．まず，0期目において投資を行うときのNPVは，

$$200 - 150 = 50 \tag{13.1}$$

となります．1期目で投資を行うときのNPVは，

$$\frac{1}{2}\left(\frac{300}{1+0.1} - \frac{150}{1+0.1}\right) + \frac{1}{2}\left(\frac{100}{1+0.1} - \frac{150}{1+0.1}\right) = 45.45 \tag{13.2}$$

となります．式(13.1)と式(13.2)を比較すると，0期目で投資を行うときのNPVが高いことがわかります．すなわち，投資実施を1期目に延期する場合において，収益が300億円もしくは100億円のどちらの状況でも投資を必ず実施するよりは，0期目で投資を実施した方が合理的な判断となります．

この例においては，1期目に投資実施を延期した場合，よい状況(300億円)，

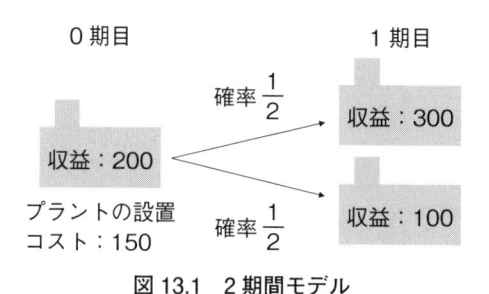

図13.1　2期間モデル

---

[2]　このときの期待値は，200億円となります．

13.2 2期間モデル

悪い状況(100億円)いずれのときも投資を行うものとして考えました．それでは，ここで，よい状況の場合のみ投資を実施し，悪い状況のときは実施しないような場合はどうなるでしょうか．

そのときのNPVは，

$$\frac{1}{2}\left(\frac{300}{1+0.1} - \frac{150}{1+0.1}\right) + \frac{1}{2} \cdot 0 = 68.18 \tag{13.3}$$

となります．ここで，式(13.3)の左辺第2項の0は，収益が100億円になるような場合は，投資を実施しないため，投資コストもプロジェクトからの収益もないのでゼロということです．式(13.1)と式(13.3)を比較すると，式(13.3)のときのNPVの方が高いことがわかります．すなわち，この結果から，投資を現時点(0時点)で実施するより，1期目まで実施を延期し，よい状況のときのみ投資を実施した方が好ましいと判断できます．

この概念は，ファイナンス分野におけるリアルオプション理論というもので，金融派生商品の一つであるオプションの契約内容を応用した，不確実性下における企業の投資決定理論における基本的概念です．投資の意思決定の際に，投資環境の状況を観察し，意思決定主体に対して好ましい状態になったときのみ実施することから，意思決定は義務ではなく，権利であると考えられます．それゆえ，この概念はオプション取引と類似していることからリアルオプションと名付けられました．1990年代前半から注目され，近年，ファイナンスや経済学のみならず他の分野の研究者も取り組んでいる理論で，実際にエネルギー産業や資源開発プロジェクト，製薬会社などの実務においても活用されている理論です．

それでは，この例にさらに踏み込んで，式(13.1)～式(13.3)を一般化(文字式のみの表現)して評価を行っていきましょう．プロジェクトから得られる収益に関しては，現時点(0期目)で投資した場合は，X 得られることがわかっていますが，1期目において投資した場合の収益は，確率 q, $1-q$ で，それぞれ X_u, X_d ($X_u > X_d$) となるとします．工場設置コストを I, 割引率を p とすると，現時点において投資を実施したときのNPVは，

第13章 リスクに対応した柔軟性のある投資意思決定

$$X - I \tag{13.4}$$

となります.また,1期目において,いずれの状況においても投資を実施するときのNPVは,

$$q\left(-\frac{I}{1+p} + \frac{X_u}{1+p}\right) + (1-q)\left(-\frac{I}{1+p} + \frac{X_d}{1+p}\right)$$

$$= \frac{1}{1+p}(qX_u + (1-q)X_d - I) \tag{13.5}$$

となります.収益の期待値が,現時点において得られる価値と等しいとき,すなわち,$qX_u + (1-q)X_d = X$ のとき,1期目における投資プロジェクト価値は,式(13.5)のとおり,0期目の価値を一期分割引く形になることから,現時点で投資を実施した方が好ましいという結果となります.これは,上の式(13.1)と式(13.2)の結果と同様のことをいっています.次に,リアルオプション理論の概念を導入し,1期目において収益が X_u となったときのみ投資を実施し,X_d になったときは,投資を実施しないような状況を考えます.そのときのNPVは,

$$q\left(-\frac{I}{1+p} + \frac{X_u}{1+p}\right) \tag{13.6}$$

となります.式(13.6)の価値は,下方リスクがなくなったことで,現時点で投資を実施したときより大きくなり得ることがありますが,q, I, X_u, p などのそれぞれの値の大きさの影響により,その大小関係は変わってきます.

ここで,投資を1期目に延期することが好ましい状況,すなわち,式(13.6)の値が式(13.4)の値より大きいときを考えます.このとき,式(13.6)と式(13.4)の値の差を柔軟性の価値,もしくはオプション価値といい,

$$q\left(-\frac{I}{1+p} + \frac{X_u}{1+p}\right) - (X - I) - I\left(1 - \frac{q}{1+p}\right) - \left(X - \frac{qX_u}{1+p}\right)$$

となります.上の数値例では,式(13.3)と式(13.1)との差,$68.18 - 50 = 18.18$ 億円が柔軟性の価値となることがわかります.

13.3 リアルオプション分析

リアルオプション分析の目的の一つとして，投資の実施タイミングを求めることがあげられます．本節では，前節で説明した2期間モデルを用いて，いくつかの数値例において，投資のタイミングに関する分析をしていきましょう．

まず，前節での数値例と比較してリスクが小さいようなプロジェクト，すなわち，収益の振れ幅が小さい状況を考えます（図13.2）．高い収益のときは，250億円，低い収益のときは150億円とします．期待値は，前節の例と同様，0期目の値と同じ200億円となっています．このとき，よい状況（250億円）の場合のみ投資を実施するときのNPVは，

$$\frac{1}{2}\left(\frac{250}{1+0.1} - \frac{150}{1+0.1}\right) + \frac{1}{2} \cdot 0 = 45.45$$

となります．式(13.1)の現時点で投資を実施するNPVと比較すると，小さい値になることがわかります．すなわち，この場合，現時点において投資を実施した方が好ましいということになります．これは，収益の振れ幅，すなわち，リスクが減少し，投資を延期することの価値が損なわれたためです．リスクがさらに減少し，ゼロになる場合，1期目の収益は確定的なものとなり，0期目の収益と同じになりますので，価値を1期分割引いた形になり，現時点において投資をしたときのNPVの方が高くなります．このことからもわかるように，リスクが高いときに柔軟性のある意思決定をすると，その分だけ価値が高まるということです．

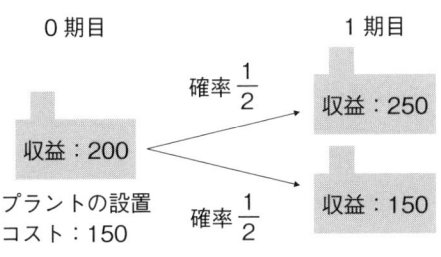

図13.2 収益の振れ幅が小さい状況

第13章 リスクに対応した柔軟性のある投資意思決定

　それでは，次に投資コストが100億円に低下したときの状況を考えます．その他のパラメータの値は，前節の数値例(図13.1)と同様のものとします．現時点において投資を実施するときのNPVは，

$$200 - 100 = 100$$

となります．1期目において収益が300億円得られる状況になった場合のみ投資を実施するときのNPVは，

$$\frac{1}{2}\left(\frac{300}{1+0.1} - \frac{100}{1+0.1}\right) + \frac{1}{2} \cdot 0 = 90.91$$

となります．それぞれの場合の価値を比較すると，現時点において投資を実施した方が好ましいと判断できます．これは，現時点において得られる正味の価値が大きくなり，1期目に投資を延期する価値を上回ったためです．このように投資コストが低下すると，投資の実施を延期して，よい状況のときのみ実施するような柔軟性の価値が比較的小さく(さらにはマイナスの値に)なります．この結果からもわかるように，投資コストの値によって，投資を実施するタイミングが変わりそうです．それでは，そのタイミングが変わる投資コストの閾値を求めてみましょう．ここで，投資コストの閾値をI^*とすると，現時点において投資を実施するときと，よい状況の場合のみ投資を実施するときのそれぞれのNPVが等しいとき，

$$\frac{1}{2}\left(\frac{300}{1+0.1} - \frac{I^*}{1+0.1}\right) + \frac{1}{2} \cdot 0 = 200 - I^* \tag{13.7}$$

となります．これをI^*について解くと116.67億円になります．すなわち，投資コストが116.67億円以上であれば，投資を延期することが好ましくなり，その値より低いときは，現時点において投資を実施した方が好ましくなります．

　よい状況のときのみ投資を実施するような柔軟性の価値は，前述の例でも示したとおり，いつでも正の値をとるとは限りません．そのため，投資のタイミングに関する分析を行うことで，その判断をすることが必要です．

13.4　応用例：アルバイトを決定するタイミング

リアルオプションは，不確実性下での企業の投資決定に関する理論であると説明してきました．しかし，リアルオプションは，企業の投資に関することだけではなく，われわれの身近なところでも使うことができます．ここでは，以下のようなアルバイトを決定する方法を見ていきましょう．

現在，ファーストフードのA店で時給1,000円のバイトをしているとします．1日5時間，週2回働くときの月給(4週換算)は，1,000×5×2×4＝40,000円となります．バイト雑誌で，同じファーストフード系列の他店であるB店のバイト情報を調べたところ，自給1,200円になっていることがわかりました．このとき，上と同じ条件での月給は，1,200×5×2×4＝48,000円となります．すなわち，現時点においてA店からB店にバイト先を変更する場合の利益は，48,000−40,000＝8,000円となることがわかります．このB店は，過去のバイト雑誌によると，時給の額が毎月変動する傾向にあることがわかり，1カ月後，時給が1,450円に上がる可能性と900円に下がる可能性があることがわかりました．それぞれの状況での利益を計算すると，時給が1,450円に上がったときは，58,000−40,000＝18,000円となり，900円に下がったときは，36,000−40,000＝−4,000円となります．時給が上下する確率が，それぞれ0.5であるとき，利益の状況を図13.3にまとめます．

一般的にバイト先を変更することは義務ではなく，権利であることから，B店の時給が900円に下がったときは，A店にそのまま残ることを選択します．

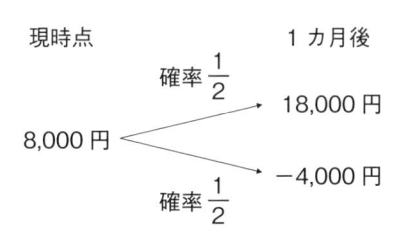

図 13.3　B店にバイト先を変更するときの利益

第 13 章　リスクに対応した柔軟性のある投資意思決定

すなわち，そのときの利益は 0 円です．ここで，1 カ月後，B 店の時給が 1,450 円に上がったときのみバイト先を変更する利益を計算すると[3]，

$$\frac{1}{2} \times 18{,}000 + \frac{1}{2} \times 0 = 9{,}000$$

となります．すなわち，現時点でバイト先を変更するより，1 カ月先まで待って B 店の時給が上がったときのみ変更する方が，利益がより高い状況になります．

このように，リアルオプションによる意思決定は，企業の投資に関わらずさまざまな場所で用いることができます．また，気づかないうちに，リアルオプション的な概念を用いて意思決定していることもあります．

演習問題

1. 2 つの例において，分散が同じで期待値が異なる確率変数を示してください．
2. 式(13.5)における収益の期待値が，ある値以上であれば 1 期目に投資を実施した方が好ましいという結果になります．その値を求めて下さい．
3. 式(13.4)と式(13.6)を用いて，それぞれのときの NPV が等しくなるような X_u を求めて下さい．
4. I^* が 116.67 億円となることを確かめましょう．
5. $I = 500$ 億円，$X = 200$ 億円，$X_u = 300$ 億円，$X_d = 100$ 億円，$p = 10\%$ のとき，現時点において投資を実施する NPV と，$X_u = 300$ になった場合のみ投資を実施するときの NPV が，等しくなるような確率 q を求めましょう．
6. 1 期目の収益が，現時点(0 期目)の収益に対して，それぞれ $\frac{1}{2}$ の確率で 25% 増加・減少するとき，現時点において投資を実施することが好ましくなる現時点の収益の条件を求めましょう．
7. アルバイト先を 2 カ月後に変更するオプションを加えることや，数カ月間アルバイト先を変更することができないことなど，現実的な条件を加えた問題

3）ここでは，割引率を 0 として計算をします．

13.4 応用例：アルバイトを決定するタイミング

を考えて，分析してみましょう．

8. 身の回りにあるリアルオプション的な実例を考えて，オプション価値を計算しましょう．

もっと勉強したい人のための参考文献

　本章では，不確実性下での投資決定，すなわちリアルオプションについて説明してきました．ここでの内容をさらに勉強したい人には，以下のリアルオプションに関するテキストを読むことをお薦めします．

　最初に，比較的難しい数学などを用いずにリアルオプションについての説明を行っている以下の2冊を紹介します．

① 『金融工学のマネジメント』，ハーバード・ビジネス・レビュー・ブックス，ダイヤモンド社，2001年

テキストのタイトルとは異なり，リアルオプションのテキストで，主に実務でのリアルオプションの利用に関することが書かれています．このテキストの第2章「オプション理論が高める経営の柔軟性」は，本章の後に続けて読むことで，リアルオプションの理解がさらに進むと思います．

② Amram, M., Kulatilaka, N., *Real Options*, Harvard Business School Press, 1999（石原雅行他訳：『リアル・オプション』，東洋経済新報社，2001年）

このテキストはさらに事例が豊富で，実務内でのリアルオプションの利用方法の理解が深まるものとなっています．

　中級以上レベルのテキストとして以下のものがあげられます．

③ Dixit, A.K., Pindyck, R.S., *Investment under Uncertainty*, Princeton University Press, 1994（川口有一郎他訳：『投資決定理論とリアルオプション』，エコノミスト社，2001年）

このテキストは，リアルオプション関連の研究を行っている大学院生や研究者にとってバイブル的存在のものとなっています．このテキストの第2章のモデルは，本章の評価モデルを少し拡張した内容となっており，本章の内容をさらに勉強したい方にはお薦めです．

第13章　リスクに対応した柔軟性のある投資意思決定

　比較的難しい数学を用いてのリアルオプション理論を勉強したい人には，上記のテキストの3章以降を読み，さらに，以下のテキストを読むことをお薦めします．

④　木島正明，中岡英隆，芝田隆志：『リアルオプションと投資戦略』，朝倉書店，2008年

このテキストは，金融工学理論やそれに用いられる数学的な計算手法をわかりやすく説明したうえで，リアルオプション理論を示し，さらに最新のモデルも紹介しています．

第 14 章

リスク認知とコミュニケーション

> 私たちの日々の活動の中で，人と人とのコミュニケーションが発生します．それは，リスク管理の場面でも例外ではありません．コミュニケーションなしに，リスクの適切な管理を行うことは困難といえるでしょう．本章では，はじめにこのようなリスクに関するコミュニケーションの問題を紹介します．次に，コミュニケーションを行うときに気をつけなくてはならないリスク認知の問題を取り上げます．

14.1 リスク管理におけるコミュニケーションとリスクの認知の問題について

　これまでの章では，経営や生活の場面にどのようなリスクが潜在し，それらのリスクにどのようなマネジメントが試みられているのかを概観してきました．環境や製品，技術開発，金融とリスクはさまざまですが，どれにも共通するのは，コミュニケーションを行うことなしに，リスクの適切な管理は行えないということです．まずは，どのようなリスクが潜在するのかを知る段階でリスクの情報入手が必要となります．情報を入手し把握できたリスクの性質次第では，自分ひとりではどうにも管理しきれず，それを他の人にも理解してもらい，皆で協力して管理をしなくてはいけないこともあるはずです．さらには，そのリスクが管理できるものであっても，Ａというリスクを減らしたら，別のＢというリスクが増えてしまう場合が出てくることもあるでしょう．そのときは，ＡとＢのどちらのリスクを減らすことに力を入れるかを，当事者間，あるいは社会全体で話し合って決めていかなくてはなりません．このように，

第 14 章　リスク認知とコミュニケーション

リスクに関する情報入手や情報伝達，意見交換，合意形成といったコミュニケーションは，リスク管理において大きな役割を果たしているのです．それでは，私たちはリスクについてどのようにコミュニケーションを行えばよいのでしょうか．例えば，リスクの情報を伝えるときには，どのような点に注意を払うべきなのでしょうか．

　本章では，はじめにこのようなリスクのコミュニケーションの問題を紹介します．次に，コミュニケーションを行うときに気をつけなくてはならないリスク認知の問題を取り上げます．

14.2　リスクコミュニケーション

14.2.1　リスクコミュニケーションの定義

　リスクコミュニケーション（risk communication）の定義に関しては，リスクと同様に多様な定義があります．その中でも一般的な National Research Council による定義では，リスクコミュニケーションは，「リスク及びその周辺情報に関する，個人，機関，集団間で情報や意見を交換する相互作用的過程」[1]とされています．

　この定義では，リスクコミュニケーションを情報の送り手と受け手の「相互作用的過程」と考えているのが特徴です．リスクコミュニケーションは，送り手である専門家から受け手である一般の人々（非専門家）に向けて伝えられる一方的なものではないのです．コミュニケーションの内容は，リスクに対して抱く関心や疑問，意見といったリスク情報とは考えないようなことも含み，それらを一般の人々が発信することも重視されています．

14.2.2　リスクコミュニケーションの種類

　リスクコミュニケーションは機能面から，①ケア・コミュニケーション，②

---

[1] National Reseach Council, *Improving risk communication*. National Academy Press, 1989

14.2 リスクコミュニケーション

コンセンサス・コミュニケーション，③クライシス・コミュニケーションの3種類に分けて考えることができます[2]．

(1) ケア・コミュニケーション

危険性やそのマネジメント方法について，多くの人々から受け入れられている科学的研究で定められたリスクに関するコミュニケーションを指します．喫煙やAIDSといった健康リスクに関するコミュニケーションや，殺虫剤の安全な利用方法，産業衛生に関するコミュニケーションが含まれます．

(2) コンセンサス・コミュニケーション

どのようにリスクを管理するか(防止または低減する)について決定するまで，情報を伝達し共に活動することを奨励するためのリスクコミュニケーションを指します．例としては，ゴミ廃棄場で確認された有害な化学物質をどのように処理するかを，利害関係者(市民，ゴミ廃棄場の技術者等)がともに活動して決める場合のコミュニケーションや，安全に関する計画作成や，健康に関する規制の設定についてのコミュニケーションがこれにあたります．

(3) クライシス・コミュニケーション

工場の事故，今にも決壊しそうな堤防，死亡率の高い病気の発生といった極度で突発的な危険に直面した時のリスクコミュニケーションを指します．

14.2.3 リスクコミュニケーションの目標

リスクコミュニケーションは，何を目標とし，その目標を実現するためにどのような戦略をとるのでしょうか．ここでは，Keeny & von Winterfeldtがあげているリスクコミュニケーションに関する6つの目標と戦略を見ていきます[3]．

① 一般の人々にリスク，リスク分析，リスクマネジメントを教育すること：

---

2) Lundgren, R. E., & McMakin, A. H., *Risk communication: a handbook for communicating environmental, safety, and health risks Fourth Edition*, Wiley-IEEE Press, 2009
3) Keeny & von Winterfeldt, *Improving risk communication Risk Analysis*, 6, pp.417-424, 1986

第14章 リスク認知とコミュニケーション

ゼロリスクは達成不可能なことや，（リスクとベネフィットの）トレードオフの必要性，不確実性は不可避であることを説明して，人々がリスクの問題の複雑さを理解できるようにすることをあげています．それは，リスクアセスメントやリスクマネジメントの難しさを理解してもらうのに役立つからです．その教育は，長期にわたるプログラムの形で実施した方がよいとされています．

② 特定のリスクと，それらのリスクの低減方法に関する情報を人々に伝えること：特定のリスク，またそのリスクを減らすための行動についての情報を人々に伝えることです．伝える時は，人々が何に関心があるのか明確にして，その関心に合う情報の提示と，リスク情報の提示方法への工夫が必要とされます．

③ 個人的リスクの低減手段を奨励すること：個人がリスクを回避できる手段を奨励するためには，説得的な手法を用いることも方策の1つと考えます．リスクコミュニケーションを行う多くの場面では，説得的手法で一定の方向に誘導することは奨励してはいないのですが，明らかに個人がリスク回避によって得られる便益が大きいケースに限っては，説得的手法も利用してよいとされています．

④ 人々の価値観や関心を理解すること：専門家が自分たちの価値観だけで問題を解決しようとしないで，一般の人々の関心や不安をよく理解することも必要とされています．

⑤ 相互の信頼を高めること：情報の送り手と受け手の間に信頼関係がないと，リスクコミュニケーションは効果をもちにくいことがわかっています．信頼を高めるためには，正直であることや，曖昧な表現ではぐらかさずにコミュニケーションを行うことがよいとされています．

⑥ 葛藤や論争を解決すること：多くのリスクの問題は葛藤や過熱した論争に発展しやすいので，そうした葛藤や論争の解決が目標として掲げられています．そのためには，早めの段階から利害関係者にも意思決定のプロセスに加わってもらうことがあげられます．

14.2.4 リスクコミュニケーションに対する誤解

　リスクコミュニケーションという言葉は，1980年代から使用されるようになった比較的新しい用語であることもあって，誤解されてしまうことがしばしばあります．たとえば，「リスクコミュニケーション」と呼ぶからには，きっと日常のコミュニケーションとは違って，何か特殊なコミュニケーション技法なのだろう，といった誤解です．しかし，実際にリスクコミュニケーションで用いられる技術は，心理学分野などでなされたコミュニケーション研究の成果を使っていて，リスク関わる特別な技法というわけではないのです．これまで，リスクの問題以外にも使用されているコミュニケーション技法を使用するにも関わらず，「リスクコミュニケーション」という用語が使用するのは，新しい「考え方」の浸透を目指しているためです[4]．リスクコミュニケーションは，専門家や関係者のみがリスクマネジメントの方針を決定するのではなく，社会全体でリスクに関する情報を共有し，あらゆる利害関係者が参加したうえで，民主的に決めていくべきという考え方を定着させることを目指しています．

14.3　リスク認知

　前節ではリスクコミュニケーションを紹介してきましたが，効果的なリスクコミュニケーションのためには，リスクコミュニケーションの相手がどのようにリスクを捉えているかを知っておく必要があります．リスクにはさまざまなものがありますが，人々はそれらのリスクをどのように認識しているのでしょうか．

14.3.1　リスク管理とリスクコミュニケーションにおけるリスク認知の重要性

　リスク認知（risk perception）とは，人々のリスクの捉え方のことです．リス

---

[4]　吉川肇子：『リスクコミュニケーション－相互理解とよりよい意思決定を目指して－』，福村出版，1999

クアセスメントでは，科学的なモデルに基づいて客観的にリスクの大きさを扱うのに対して，リスク認知では多くの場合，そのリスクについて専門的な知識をもたない一般の人々の主観的なリスクの推定を問題として扱います．

人々のリスク認知の仕方を理解することは，リスク管理においてどのリスク削減を推進するかを決定する際に重要な意味をもちます．なぜなら，一般の人々はリスクが大きいと認知する程度が高いほど，そのリスクに対する社会的関心や，そのリスクを減らしたいという削減要求が高いという関係性が指摘されているためです[5]．

リスクコミュニケーションの文脈においても，コミュニケーションの効果は，送り手側の要因以上に，受け手の知識，価値観，認知バイアス，人口統計学的要因(性別，年齢など)のような受け手側の要因の働きが強いことも指摘されています[6]．さらに，行政や専門家側からリスクの情報を提供し，一般の人々の参加を進めながらリスク管理を進める場合にも，一般の人々のリスク認知の仕方を理解しておくことが必要となります．専門家はリスクアセスメントと専門用語を用いてリスクを捉えますが，その説明内容を専門家ではない一般の人々がそのまま理解することは容易ではありません．したがって，非専門家がどうリスクを捉えているのかを理解しておくことが，リスク管理における合意形成を進めるうえでのポイントとなるのです．

14.3.2 専門家と一般の人々のリスク認知

非専門家はリスクをどのように認知しているのでしょうか．心理学の研究から，リスク認知は専門家と非専門家では異なることが明らかにされています．その中でも有名なのがSlovicの研究です[7]．Slovicは一般の人々(女性有権者や大学生，ビジネスマンのクラブメンバー)や専門家にさまざまな科学技術や

---

5) 中谷内一也：『環境リスク心理学』，ナカニシヤ出版，2003
6) 木下冨雄：「リスク認知とリスクコミュニケーション」，『増補改訂版 リスク学事典』，日本リスク研究学会，阪急コミュニケーションズ，pp. 260-267, 2006
7) Slovic, P. "Perception of risk." *Science*, 236, pp. 280-285, 1987

14.3 リスク認知

活動を提示し，危険だと感じられる順番に回答してもらいました．表 14.1 (p.180) はその結果です．一般の人々のグループの間ではリスクの順位付けに似た傾向が認められましたが，専門家とは違った結果が確認されました．特に，原子力は女性有権者や大学生がもっとも危険性が高いリスクと認知していましたが，専門家は 20 位と危険性を比較的低めに評価していました．

専門家と一般の人々がリスクをどのように捉えて順位づけをした結果，このような違いが生じたのでしょうか．専門家はリスクの客観的な期待値（望ましくない結果の「生起確率」とその「結果の程度」の積）をもとにリスクを認知します．しかし，一般の人々は，それ以外の要素も考慮してリスク認知することが明らかになっています．その中でも一般の人々がリスク認知に用いる代表的な基準として，「恐ろしさ」と「未知性」の 2 つの因子があり，これらに基づいてリスクをイメージしています．2 つの因子を構成する内容は，表 14.2 のとおりで，2 つの因子の内容からは，リスクの「確率」と「結果の程度」以

表 14.2 「恐ろしさ」と「未知性」の因子を構成する尺度項目[7]

第 1 因子：恐ろしさ	・制御不可能
	・恐ろしい
	・世界的大惨事
	・結果として死にいたる
	・不公平
	・カタストロフィック
	・将来の人類にとってリスクが大きい
	・リスクの軽減が容易でない
	・リスクの増大傾向
	・受動的
第 2 因子：未知性	・観察不可能
	・リスクに晒されている人がそのリスクを知らない
	・影響が遅延的
	・新しい
	・科学的に明らかになっていない

第14章　リスク認知とコミュニケーション

表14.1　危険と感じられる活動または科学技術のランキング

行為 または科学技術	女性有権者	大学生	アクティブ・ クラブ・ メンバー	専門家
原子力	1	1	8	20
自動車	2	5	3	1
拳銃	3	2	1	4
喫煙	4	3	4	2
オートバイ	5	6	2	6
アルコール飲料	6	7	5	3
一般的(私的)飛行機利用	7	15	11	12
警察の仕事	8	8	7	17
農薬	9	4	15	8
外科手術	10	11	9	5
消火活動	11	10	6	18
巨大建設工事	12	14	13	13
狩猟	13	18	10	23
スプレー缶	14	13	23	26
登山	15	22	12	29
自転車	16	24	14	15
商業飛行	17	16	18	16
電力(原子力以外)	18	19	19	9
水泳	19	30	17	10
避妊薬	20	9	22	11
スキー	21	25	16	30
X線	22	17	24	7
高校・大学フットボール	23	26	21	27
鉄道	24	23	29	19
食品防腐剤	25	12	28	14
食品着色料	26	20	30	21
電動芝刈機	27	28	25	28
抗生物質	28	21	26	24
家庭用器具	29	27	27	22
ワクチン	30	29	29	25

注）Slovic(1987)より作成

14.3 リスク認知

外にもさまざまな要素を考慮に含めている様子がわかります.

14.3.3　一般の人々のリスク認知とその情報処理過程

　リスクは「確率」と「(望ましくない)結果の程度」の2つの要素から構成されるという定義がありますが, 一般の人々がこの2つの構成要素をそれぞれ推定しようとするとき, どのような特徴が認められるのでしょうか. 以下では, 要素ごとにその特徴と情報処理過程を概観します.

(1)　「確率」の推定

　人々があるリスク事象の生起確率を評価するときに認められる主な特徴の1つに, ヒューリスティックス(heuristics)を用いて直感的な判断を行うことがあります[8]. ヒューリスティクスとは, たいていは正解に到達できる簡便な方略のことです. ヒューリスティクスは便宜的な手続きであり, 成功すれば短時間で能力を限定的に使うだけで正解にたどりつくことができます. しかしその一方で, 時に規範解から大きく逸れてしまう場合もあります. 私たちが日常生活で判断や意思決定をするとき, 必要な情報が十分にはなかったり不確実だったりする状況が多々あるため, ヒューリスティクスが使用されることは少なくありません. 表14.3ではヒューリスティクスの中でも代表的なものを紹介し, それらによって生じるリスク認知の特徴の例を示しています.

　その他の特徴としては, 私達は確率の低い事象の生起確率を過大に推定し, 確率の高い事象の生起確率を過小に見積もる傾向などがあります[9].

(2)　「結果の程度」の推定

　リスク認知における「結果の程度」の推定は, リスクに関する情報の表現方法による影響を受けます. 同じリスク事象であっても, 表現を変えると結果の程度の推定値が変わってくるのです. これをフレーミング効果と呼びます. フ

---

8) Kahneman, D., Slovic, P., & Tversky, A., *Judgment under uncertainty: Heuristics and Biases*, Cambridge University Press, 1982
9) Lichtenstein, S., Slovic, P., Fischhoff, B., Layman, M., & Combs, B. "Judged frequency of lethal events." *Journal of Experimental Psychology: Human Learning and Memory,* 4, pp.551-578, 1978

第14章　リスク認知とコミュニケーション

表 14.3　確率推定に関わるヒューリスティクス

利用可能性ヒューリスティック （availability）	具体的な事例（顕著な事例，最近の事例）を想起しやすいほど，頻度が高いように考える． ＊竜巻による死のように報道で取り上げられることが多いために，思い出しやすい死因については，年間死亡者数を過大に評価する．
代表性ヒューリスティック （representativeness）	あるものや事柄が，あるカテゴリーに属する可能性を判断するとき，そのカテゴリーの代表的特徴をもとに判断する． ＊整備不良による航空機事故のように，典型的な特徴をもつ事故については，事故の生起確率を過大に評価する[10]．
調整と係留 （anchoring and adjustment）	数量の推定を行う際，初期値が問題内や計算法の中で与えられると，そこから推定をはじめ，調整をしながら最終的な回答にたどりつこうとする． ＊同じ対象項目を提示しても，年間死亡者数が5万人の自動車事故の情報を手がかりとして提示した場合より，年間死亡者数が1000人の感電による死亡事故の情報を手がかりとして提示した場合は，手がかりの情報にひきずられて対象項目による年間死亡者数を低く推定する[11]．

レームには，損失フレームと利得フレームの2種類があります．同じ情報であっても，死亡者数といった損失を強調するフレームで与えられた場合にはリスク志向の選択をしやすく，生存者数といった利得を強調するフレームで与えられた場合には，リスクを回避する選択をしやすくなります．

具体例として「アジア病問題[12]」を見てみましょう（**表 14.4**）．問題1の対策Aと問題2の対策C，問題1の対策Bと問題2の対策Dを見比べてみてください．表現に違いはありますが，実質的な内容は同じです．しかし，問題1では72%の回答者が対策Aを選び，問題2では，78%の回答者が対策Dを選

---

10) 楠見孝：「市民のリスク認知」，『増補改訂版 リスク学事典』，日本リスク研究学会，阪急コミュニケーションズ，pp.272-273，2008

11) Lichtenstein, S., Slovic, P., Fischhoff, B., Layman, M., & Combs, B., "Judged frequency of lethal events." *Journal of Experimental Psychology: Human Learning and Memory*, 4, pp.551-578, 1978

12) Tversky, A., & Kahneman, D., "The framing of decisions and the psychology of choice." *Sciecnce*, 185, 1124-1131, 1981

表 14.4　アジア病問題

問題1	米国が600人の死亡が予想されている珍しいアジアの疾病の流行に対して，備えていると考えてほしい．疾病と戦うには2つの対策が準備されています．これらの対策について厳密に，科学的に推定される結果は以下のとおりです．どちらの対策を採用しますか． ・もし，対策Aが採用されたら200人救われる． ・もし，対策Bが採用されたら3分の1の確率で，600人が救われるが，3分の2の確率で誰も助からない．
問題2	米国が600人の死亡が予想されている珍しいアジアの疾病の流行に対して，備えていると考えてほしい．疾病と戦うには2つの対策が準備されています．これらの対策について厳密に，科学的に推定される結果は以下のとおりです．どちらの対策を採用しますか． ・もし，対策Cが採用されたら400人が死亡する． ・もし，対策Dが採用されたら3分の1の確率で誰も死なずにすみ，3分の2の確率で600人が死亡する．

びました．この結果は，リスクが伝えられるときの表現や文脈の影響を受け，私たちは判断や行動を変化させてしまうことを意味しています．そのため，リスクの情報を伝達する際にはその表現にも留意が必要なのです．

14.4　おわりに

　なぜ専門家と一般の人々のリスク認知の違いが見られるのかについて，これまで多くの研究と関心が寄せられてきました．その中で，両者の違いはリスクアセスメントに基づく専門家のリスク認知が正解で，一般の人々は歪んでリスクを認知していると解釈されることが多々ありました．一般の人々のリスク認知における「バイアス」は修正しなくてはいけないものと見なされ，専門家のリスク認知に近づける取組みが行われてきたのです．しかし，近年では，同じ分野の専門家同士でも立場などが違ったりするとリスク認知が異なる場合があることが指摘されています[13]．人々のリスク認知は，単にそのリスクに対して専門的知識をもつかどうかだけでなく，その他のさまざまな要因の影響を受

---

13) Mertz, C. K., Slovic, P., I. F. H. Purchase, I. F. H., "Judgments of chemical risks: comparisons among senior managers, toxicologists, and the public." *Risk Analysis,* 18, 4, pp.391-414, 1998

けます．そのようなリスク認知の性質を理解したうえでリスク管理を実施した方がよいでしょう．

演習課題
・リスク認知に関係する要因にはどのようなものがあるのかをあげてみましょう．

もっと勉強したい人のための参考文献

　本章で紹介したことをもとに，リスクコミュニケーションとリスク認知分野の研究において明らかになってきたことを，リスク管理にどのように活かしていったらよいか，考えてみてもらいたいと思います．

① 　中谷内一也：『環境リスク心理学』，ナカニシヤ出版，2003
② 　岡本浩一：『リスク心理学入門—ヒューマン・エラーとリスク・イメージ』，サイエンス社，1992

本章のリスク認知の話についてさらに詳しく知ることができます．

③ 　平川秀幸，土田昭司，土屋智子：『シリーズ環境リスクマネジメント5 リスクコミュニケーション論』，大阪大学出版会，2011

本章では紹介できなかったリスクコミュニケーションの実践方法に関することまで紹介されています．

④ 　中谷内一也：『リスクの社会心理学　人間の理解と信頼の構築に向けて』，有斐閣，2012

本章で紹介した内容に加えて，リスクに対して社会はどう反応するのかという問題についても，学ぶことができます．

第 15 章

リスク科学を学ぶ意義

> 本章では，本書全体を通じての内容に関して，リスクの定義やリスクの大きさの定量評価方法，リスクの性質とマネジメント戦略の関係，不確実性のバラエティ，リスク分野間のつながりなどについて横断的な観点から説明を加え，リスク科学を学ぶ意義について確認をします．

本章では，本書全体を通じての内容に対する質問やコメントに答えるという形式で，追加すべき，あるいは注意すべき重要事項を確認しておきたいと思います．

Q1. リスクの定義やリスクの大きさの定量評価方法がいくつかあるようで混乱しています．

A1. リスクという言葉の定義については現在までにさまざまな議論があり，国際標準とされる定義もありますが，本書ではまずは「起きてほしくないことが起きるかもしれないこと」くらいの理解としてスタートしました．ただし，ここで，「かもしれない」というところに含まれる不確実性を重視すべきです．経済・金融の分野では，利得（利益）という望ましい結末も含め，変動や分散をリスクと定義することがあり，特に「起きてほしくないこと」というネガティブな方向に限っているわけではありません．一見，違うことを扱っているようですが，「起きてほしくないこと」にプラス・マイナスの符号をつけて考えれば，本質的に同様に認識でき，無理なく各種のリスクを論じることができます．

第 12 章で触れられているように，Knight は確率を用いて表現することができる不確実性を「リスク」といい，確率を用いることができない不確実性を「リ

第15章 リスク科学を学ぶ意義

スク」とは区別して「真の不確実性」と定義しています[1]．また，社会学の分野では意思決定の結果による好ましくない影響を「リスク」といい，自然災害など外部に原因があるものを「危険」として区別しています．さまざまな立場の人がそれぞれの定義をしているのが現実ですので，その場その場でどんな定義に基づいて議論がされるのか確認することが誤解を防ぐために必要です．

リスクの大きさについてもいくつかの考え方がありますが，本書の第2章で定義したように，「影響の大きさ」と「生起確率」の積で表現するが一般的といえます．これは第12章で「期待値」という言葉で述べられています．一方，第11章の市場リスクではVaRという指標がリスクの大きさを表す指標とされていました．こちらは，上で述べたようにそもそものリスクの定義が違うのですから，その大きさの求め方もちがってしまって当然のように見えますが，VaRはある確率で現れる損失の大きさであるので，実は期待値と似た概念になっています[2]．

ただし，確率と影響の積でリスクの大きさを評価できるのは，確率が十分な正確さで評価できるような頻繁に起きる事象に限られるべきだという議論があります．低頻度ではあるが被害が甚大な現象に関しては，被害の大きさをべき乗（べき数は1以上）で表すべきだという主張がなされています[3]．これは影響の結果（この場合は被害の大きさ）の価値は個々人によって違い，人々はその価値の大きさを表す関数（効用関数）の値が大きくなるように選択行動をするという期待効用理論で，破滅的な影響は客観的評価以上の大きさとして認知する結果と説明できます．つまり，第14章で見たリスク認知の問題を反映しているわけです．

第6章で述べた環境リスクの分野では，発がん率のような確率だけでもって

---

1) 計測できる確率にも，確率を数学的に決めることができる「先験的確率」と観測データから決めることができる「統計的確率」の2種類があります．
2) アメリカのNRCによるリスクの定義では，どのような間違いがおきるのか（シナリオ），どのくらいおこりやすいのか（確率），その結果はどのようなものか（影響）の3要素がかかわることとされています．
3) 村山武彦：『日本リスク研究学会誌』，22，pp.5-8，2012

リスクの大きさとして評価しているように見えます．これは，影響の大きさを発がんあるいはがんによる死亡といった個別の影響に固定しているので，掛け算をする必要がなくなっていると理解できます．さらに，一定の閾値以下ではリスクを無視できる条件があるかのように見える評価法もしています．

　リスクの大きさの計測・評価方法についても，基本は影響の大きさと確率の積ですが，これでなければ間違いというのはありません．きちんと定義を確認して話を進めることが重要です．

Q2. 対象ごとではなく，リスクの性質にもいろいろありそうですし，それに応じてマネジメントの戦術も変わってくるのではないでしょうか．

A2. リスクの特徴を理解することは，対処方法を考えるうえで重要であり，特徴の分類法が数多く提案されています．例えば，第2章でも紹介されたように，純粋/投機，受動/能動，人的/物的などがありますが，リスクの大きさを確率（頻度）と損失の積で表すことをベースに，それぞれの大小の組合せで4分類することが考えられます．例えば第3章で扱われている製品の事故に関して，照明の消し忘れのように日常的に発生するが大した被害を生じないミス，原子力発電所の事故のようにめったに起きないが一度起きてしまうと大変なことになる事故を想像してみてください．

　このような分類に則って，あくまで一般的な傾向ですが，図15.1に示すようにリスクマネジメントの戦術が分類されています．頻繁に発生し，被害も大きいと想定される場合は回避に向かいます．頻度は低いが，被害が大きい場合は保険などでリスクを他者へ移転し，頻度は高いが，被害は小さい場合はリスクの大きさを下げよう，つまり発生確率を下げようとする方向を目指します．頻度も影響も小さい場合は何も対策をせずにいても（リスクを保有していても）大丈夫だという判断になります．

　リスクは以下のような点からの性格を考えるべきです．すなわち，

- 発生確率と被害の予測における確実性
- 被害の及ぶ空間的な広がりと時間的な持続性

第 15 章　リスク科学を学ぶ意義

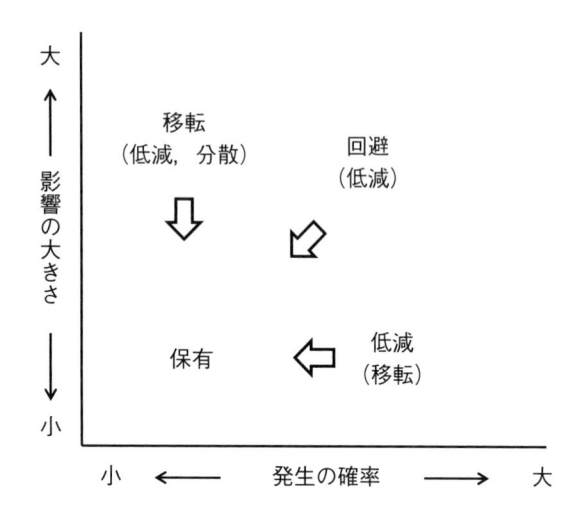

図 15.1　リスク事象の発生頻度と被害規模によるマネジメント戦術

- 復旧の可能性
- きっかけになる出来事が起きてから影響が出るまでの潜伏期間
- 被害と便益の公平性
- 専門家と非専門家のリスク認知のギャップ

などによってリスクマネジメントの方策に違いがあるべきです．すなわち，それに応じて，コミュニケーションの信頼性が重要となったり，科学的知見の充実が優先されたり，逆に科学的知見が不十分であっても対策が急がれたり（予防原則あるいは事前警戒原則）すべきです．このことに関しては，ギリシア神話のキャラクターに関連づけた興味深い分類があります．詳しくは原典[4]もしくは谷口[5]による紹介を参照して下さい[6]．

---

4) WBGU（1998），Annual Report 1998,"World in Transition, Strategy for Global Environmental Risk", German Advisory Council on Global Change, Springer
http://www.wbgu.de/fileadmin/templates/dateien/veroeffentlichungen/hauptgutachten/jg1998/wbgu_jg1998_engl.pdf
5) 谷口武俊：『リスク意思決定論』，大阪大学出版会，pp.118-130，2008

Q3. 不確実性という言葉があちこちで出てきますが,同じ意味なのでしょうか.

A3. 本書では,リスクは起きてほしくないことに関する可能性だとしています.ポイントは「起きてほしくない」と「可能性」です.起きてほしいかほしくないかは個々人の価値観によるので,誰にでもあてはまる確実なことはいえません.ここにまず一つの不確実性があります.もう一つの可能性に関しても,ある出来事(事象)が将来起きるか起きないかは,その起きる時期を含めて確実な予測が出来るのは稀です.そもそも,確実にこうなるとわかってしまえば,リスクではありません.

それに加えて,どのようなことがいつ起きるのかわからない理由はいくつかあります.局地的な天候のように,いくつかの条件の組合せで起こるがその現象が複雑すぎる場合,サイコロの1の目が出る事象のように,ランダムに発生する場合,現象が起きるメカニズムはわかっているが計測不可能な微細な条件差によって違う結果になってしまう場合[7],そもそもどのような条件でその現象が発生するのかまったくわかっていない場合などが考えられます.世界は不確実なことだらけです.

このように,不確実性といってもさまざまな要素があります[8].なかでも近

---

6) 発生確率は高いと予想されるがその確実性は高いとはいえず,被害の大きさの予測は大きく広範囲で持続的で不可逆でありその確実性も高い,潜伏期間は長いというリスク,たとえば温暖化による気候変動のリスクは「カッサンドラ型」と分類されます.カッサンドラとはトロイの預言者でしたが,誰も彼女の予言を信じなかったので,トロイは滅亡してしまいました.このような性質のリスクに関しては,意識の向上や信頼関係の向上が重要とされています.
7) 測定結果にしても測定機器・方法に起因する正確さの限界,測定する現象の時間的な変動による測定値の代表性の不確かさがあります.
8) 平川が紹介している Wynne の考え方によれば(平川秀幸,小林傳司編:『公共のための科学技術』,玉川大学出版,pp109-138,2002),通常のリスク評価では扱えない複雑性として,無知,非決定性,複雑性,不一致,曖昧性による分類が提示されています.このような分類に基づくリスクマネジメント戦略の提案は,リスク対策として議論すべき内容を絞り込み,当事者資格を明確にするなど,制度設計に重要な指針となると期待できます.ただし,何を問題として解決を目指すのかというフレーミングに関する注意が持続する工夫も必要です.

第15章　リスク科学を学ぶ意義

年注目されているのは，科学的な知見としての確からしさです．携帯電話の発する電磁波や，放射線の低線量被曝あるいは地球規模の気候変動など，その分野の専門家達の間でも見解の一致が見出せずにいる問題があります．事実関係や因果関係が科学的知識として確定しているか（誰もが同意するか），確実性の高い情報が得られる場合は，期待値によるリスク評価が可能になり，専門家の知見が有効に生かされますが，それ以外の領域では判断に信頼をおける主体が存在せず，統一的な意思決定が難しくなります．

Q4. タイトルが「○○リスク」となっている章が多くありますが，「○○」と「リスク」との関係が微妙に違うような気がします．

A4. 本書でも生活リスク，環境リスクや金融リスクなど「○○リスク」といういい方をしていますが，「○○」と「リスク」との関係は単純ではありません．「○○」には，影響を受ける主体（○○が被るリスク），影響の原因となる事象あるいは物質（○○が原因となって発生するリスク），影響を伝える媒体・システム（○○を通じたリスク）といった意味が混在しています．例えば，第6章で扱った環境リスクでは，

- 人間活動が原因で，環境の変動を媒体とし，人間の健康に影響が生じるリスク
- 企業活動における環境問題対応が原因で，製品市場や金融システムを通じて，企業収益や資金調達に影響が生じるリスク
- 人間活動が原因で，環境中での物質やエネルギーの循環を通じて，環境（生態系）に影響が生じるリスク

を含んでいました．

　媒体を通じて，意識していない他の主体にリスクが伝わる可能性があることに配慮しなければなりません．また，このようなリスクの処理に責任をもつ主体と影響を受ける主体との関係が入り組んでいることにも注意が必要です．「○○リスク」と語る場合には，何が原因で，どんな媒体を経由して，誰に影響を与えるリスクなのか，すべてに意識を巡らせるべきです．また，リスクは

システムを通じて影響しあうので,「○○リスク」といって対象分野を限定してしまって,波及するリスクについての認識を薄めてしまわないように留意することが必要です.

Q5. なぜいろいろな分野のリスクを学ばなければならないのですか.
A5. A4 で述べたように,リスクはシステムを通じて影響しあいます.対象分野を限定するのではなく,その分野のリスクあるいはリスク対策が,他の分野にどんな影響をもたらすのか,対象とするシステムを空間的にも時間的にもできるだけ広く捉えることが望ましいのです.ですから,「○○」分野の専門性を深めると同時に,いろいろな分野でどんなリスクがあるのか,それからどのように関係しあっているのかを知ることが重要です.

Q6. 第8章で示されているリスクマネジメントの基本プロセスは企業経営リスク以外のリスクにも適用可能でしょうか.
A6. 原則的にはどんなリスクのマネジメントにも適用可能です.リスクマネジメントはマネジメントの1部門ですので,基本であるPDCAサイクルに従うのが基本です.PDCAサイクルとはまず目標を設定し,計画を立て(Plan),実行し(Do),その結果の確認をし(Check),さらなる改善を図る(Act)ことを繰り返し,全体のレベルアップを図っていくことです.図8.2に示されたリスクマネジメントの基本プロセスは,このPDCAのサイクルの中に組み込むことができます.

Q7. 一般的な「科学」という意味で,リスク科学を論じることは可能なのでしょうか.
A7. リスク評価の結果に基づいて利害関係者間の合意を取りつけるためには,その評価過程が合理的で,他者によって確認できるように手続きが客観的に明示されていることが望まれます.その意味では,普通の意味で科学的であることが望まれます.しかも,Q5への回答でも触れたように,さまざまな分野の

リスクを共通の土俵の上で論じることが求められていますから，整合的で普遍性を有する体系が求められます．

しかし，その一方で，リスクは不確実性を前提とする以上，完璧に分析することは不可能です．そもそも，実証できてしまえばリスクではありません．リスクの構成要素である生起確率（頻度）はある程度経験に基づいて実証的な合理性を担保することがある程度可能ですが，もうひとつの影響の大きさはそれを評価する主体の主観的な価値判断が入ってくるため，普遍的なものとはなりえません．その意味でリスクについての知識体系が普通性のある知識体系としての科学にはなりません．

Q8. ハーバードのサンデル教授による白熱講義で流行っているような「正義」の話は，リスク科学にどう反映されるのでしょうか．

A8. 予想される被害の大きさと生起確率の積をできるだけ小さくしようとするのがリスクの低減策です．この考え方は，幸福の量（効用）を計測し，それが最大になるようにするのが「よい」行為であるという功利主義の考え方とほぼ重なります．功利主義には，効用の計測方法に普遍性がない，計測の対象になりにくい効用は忘れられがちである，集団を対象とすると少数派の無視になるなどの批判があります．このような功利主義に対する批判は，そのままリスクの大きさの評価にも当てはまります．

さらに，リスク評価に基づく行動の観点は，合理的な意思決定を目指す点で，自立した個人の自由と責任を重視していると見られます．これは市場経済における合理的な経済人の考え方に通じます．現在の市場経済は，公共的存在の意味を忘れた個人享楽主義に陥っている部分があります．個々人の自由な判断，行動は最大限尊重されるべきですが，皆がそのような「合理的」行動をとった場合，その集積がどのような結果を生むかに対する配慮も必要でしょう．部分最適化の集積が全体最適化に結びつくとは限らないことを認識すべきです．

集団の意思決定にリスク評価の結果を反映させようとすると，その集団のなかでリスクに負担に偏りがあったり，リスク対策の費用分担に不公平が生じた

りしがちです．誰が被害を蒙るのか，誰が費用を担うのか，逆にリスクを冒すことによって誰が便益を得るのか，そして誰が誰のために意思決定をするのか．自分が自分のために行うことから，自分が家族のために，行政が住民のために，現世代が将来世代のためになど，さまざまな主体間の組合せがありえます．個人が自分自身を守ることを優先するのは当然としても，意思決定の影響は目の前の相手にとどまらず，空間的にも時間的にも広げて考えていかなければなりません．リスクにも正義を考える要素があります．

Q9.「想定外」という言葉が2011年の東日本大震災以降よく聞かれました．リスクマネジメントは役に立たなかったのではないでしょうか．

A9. リスクを考えるということは将来についてある想定をするということですから，「想定外」だったということは，リスクがあるということもわからなかったということです．本来的な意味では，想定できないことに対してリスクを考えることはできません．

技術設計の世界では，何らかの前提条件（境界条件）を定めないことには，理論もノウハウも使いようがありません．その意味で，技術者が「想定外」だったといのは，非常に低確率だから実質的には「ありえない」という思い込みにとらわれたか，「そうであってほしい」あるいは「そうあるべきだ」という希望的観測に逃げたが，「考えたくない」とする思考停止に陥ったかのどれかだったと思われます．

原子力発電所の事故が起きるのは極めて稀なことだとされてきました．安全のための仕掛けが何重にも施され，確率論的安全解析という手法でみれば，それらが同時に働かなくなる確率は極めて小さな値になるとされてきました．しかし，実際はそれらの安全装置の故障は独立の出来事ではなく，防御が甘かったといわざるをえません．

Q10. リスク科学を学ぶことは何の役に立つのでしょうか．

A10. リスク科学を学べば，すぐに身の周りのリスクを減らすことができるか

第 15 章　リスク科学を学ぶ意義

といえば，残念ながらあまり期待できません．しかし，リスクマネジメントなりコミュニケーションなりの実務的なノウハウやスキルを発展させることももちろん大切で，本書の内容はその基礎形成に役立つはずです．それにも増して，どこにどんなリスクがあるのか，そのリスクが他のリスクとどのように繋がり，また新たなリスクを生むのかを考えることも重要であり，そのための素養と感性を養うことに役立つはずです．将来どんな仕事をするにしてもさまざまな局面でリスクに直面することは間違いのないことですし，日々の生活や社会のシステムにおいても常に遭遇していくものです．リスク科学を学ぶことは，これからの人生において大いに役立つものと確信しています．

補　章

リスク評価のための
基礎的な数学

リスク評価において必要となる数学の基礎的事項を簡単に説明します．

1. 確率と確率分布

　コインやサイコロ投げのような，同一の条件のもとで繰り返すことが可能な実験や観測のことを試行と呼び，試行の結果として起こるものの全体を標本空間と呼びます．コイン投げでいえば，試行の結果は表と裏であり，標本空間は $\Omega = \{(表, 裏)\}$ で与えられます．コイン投げを2回行い，表が出たら1，裏が出たら0と表すことにすると，標本空間は，$\Omega = \{(0, 0), (1, 0), (0, 1), (1, 1)\}$ となり，ちょうど1回表が出る，少なくとも1回表が出るなど，標本空間の部分集合を考えることができます．この部分集合のことを事象と呼ぶとき，事象Aが起きるということは，試行の結果として事象Aに含まれる要素の一つが起きたことを指すことになります．確率は，この事象Aの起こりやすさの度合いを0から1の間の実数で表したものと定義でき，$P(A)$ と表すことにします．先ほど，表が出た場合を1とし裏が出た場合を0としましたが，その結果を X によって表すと，X は表の数を表す変数と考えられます．つまり，$X = 1$ は表が1枚(表が出た)を表し，$X = 0$ は表が0枚(裏が出た)であることになります．そして，表も裏もともに $\frac{1}{2}$ の確率で起きるとすると，

$$P(\{X=1\}) = \frac{1}{2}, \ P(\{X=0\}) = \frac{1}{2}$$

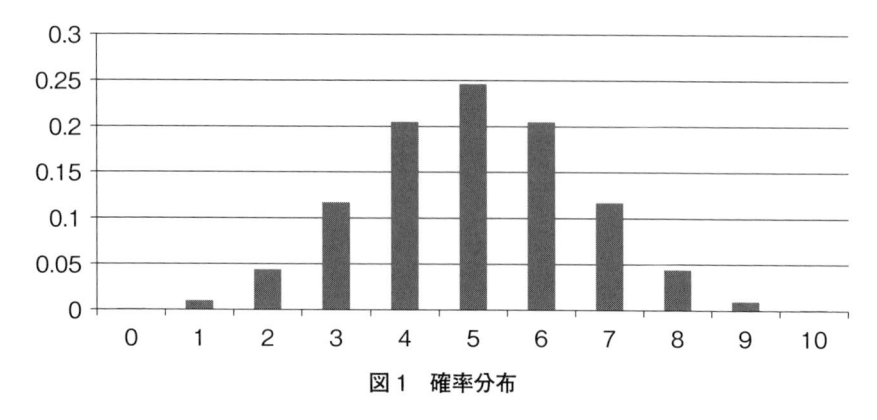

補章 リスク評価のための基礎的な数学

図1 確率分布

と表すことができます．このとき，Xを確率変数と呼びます．コイン投げを10回繰り返し，表の回数をXとおくと，Xは確率変数となり，10回中x回表が出る確率は

$$P(X=x) = \frac{{}_{10}C_x}{2^{10}} \quad (x=0, 1, \cdots, 10)$$

として表せます．ここで，${}_{10}C_x$は10個の異なるものの中からx個取り出す組合せの数を表します．このとき，$P(X=x)$をXの確率分布と呼びます．図1はコイン投げを10回行ったときの表が出る確率を表しています．

2. 期待値と分散（標準偏差）

　確率的に変動する数値の特徴をとらえる方法として期待値と標準偏差があります．期待値とは，ある事象が起こる確率と，その事象が起こるときの数値（取り得る値）との積を足し合わせて求められた統計量です．例えば，経済状態（好調，不変，不調）によって，投資収益率が15％，5％，-5％となる確率がそれぞれ0.2，0.6，0.2である会社Aの期待値を求めると5％となります（表1）．したがって，いまA社の株式に投資すると，実際には15％や-5％になる可能性もあるのですが，平均的には5％の収益率が期待できるといえます．

　次に，A社と同様に期待値が5％になるB社が存在した場合に，両社の違いをどのように特徴づければよいでしょうか．例えば，両社の確率分布を図2の

2. 期待値と分散(標準偏差)

表1　収益率の期待値

経済状態	収益率	確率	収益率×確率
好調	15%	0.2	3.0%
不変	5%	0.6	3.0%
不調	−5%	0.2	−1.0%
合計			5.0%

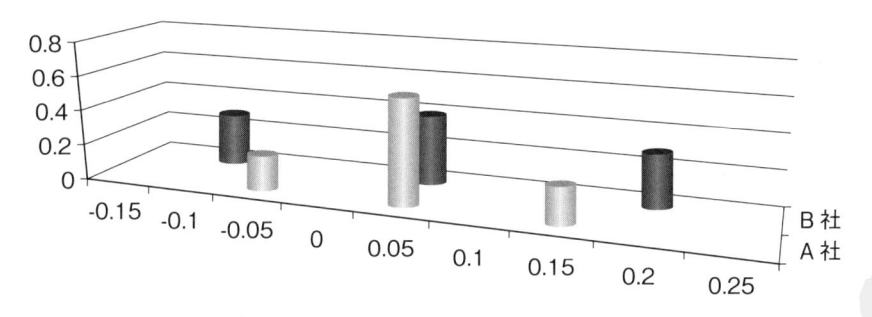

図2　収益率の確率分布

ように図示してみたところ，A社に比べB社の方が経済状態によって収益率の変動が大きく感じられます．

　このような分布の広がり(散らばり)の度合いを表す統計量として，代表的なものに分散があります．分散は，期待値からの距離を2乗したものに確率をかけて足した値として定義される統計量であり，変動が大きいものほど分散は大きくなります．A社とB社の分散をそれぞれ求めてみると，A社の分散は.004となり，B社の分散は0.0135となりました(表2)．この分散の平方根をとったものを標準偏差と呼びますが，これにより元のデータと同じ単位で扱えるため，標準偏差を用いて考察することが多いです．実際に求めてみると，A社は6.32%となり，B社は11.62%となりました．これにより，B社のリスクが大きいことがわかります．

補章　リスク評価のための基礎的な数学

表2　2社の収益率の分散

A 社の分散　0.004

経済状態	収益率	確率	収益率×確率	Z=収益率−期待値	Z^2	Z^2×確率
好調	0.15	0.2	0.03	0.1	0.01	0.002
不変	0.05	0.6	0.03	0.0	0.00	0.000
不調	−0.05	0.2	−0.01	−0.1	0.01	0.002
合計			0.05			0.004

B 社の分散　0.0135

経済状態	収益率	確率	収益率×確率	Z=収益率−期待値	Z^2	Z^2×確率
好調	0.20	0.3	0.06	0.15	0.0225	0.00675
不変	0.05	0.4	0.02	0.00	0.0000	0.00000
不調	−0.10	0.3	−0.03	−0.15	0.0225	0.00675
合計			0.05			0.0135

3. 相関係数

同じ学級の男子生徒の身長と体重を測定し，散布図を描いてみると身長が高い人ほど体重も重くなる傾向が見られるし，数学と物理の試験結果も散布図を描いて比較すると，数学の成績がよい学生ほど物理の成績もよい傾向が見られるでしょう．このような2つの確率変数の直線的関係の強さを表す統計量として，相関係数があります．相関係数は−1から1までの値をとり，−1か1になった場合は，データがすべて直線上に乗っている場合を表します．相関係数が0に近づくに従って，データの散らばりは直線的関係を失い，楕円から意味のない散らばりへと変化していきます．株式間の相関を求めることで，より分散投資の効果が期待されるポートフォリオを組むことができます．

4. 正規分布

先ほど収益率の期待値を求める際に，収益率を飛び飛びの値としていましたが，本来は連続な値をとります．この場合，確率変数は連続型確率変数と呼ば

れ,確率は密度関数と呼ばれる関数を積分する形で定義されます.この連続型確率変数が従う確率分布の中でも,代表的なものに正規分布があります.正規分布は左右対称でベルカーブのような形をした密度関数をもつ分布です.バリュー・アット・リスクを計測する際に用いられる分布として重要な役割を担っているといえます.

5. 無限数列の和

　実数には有理数と無理数があり,有理数は整数と分数に分けられます.さらに,分数は,有限小数と循環小数に分けられ,その循環小数とは,同じ数字や数字の列が無限に繰り返される小数のことをいいます.例えば,0.11111111…や0.14285714…のような小数です.さて,この循環小数ですが,上で述べたように,分数になります.例えば,0.11111111…も分数なのですが,この循環小数は,どのような分数の値になるでしょうか?これを知るための便利な数学のツールとして,156ページの脚注9)に示した無限数列の和があります.まず,0.11111111…を以下のように分解します.

$$0.11111\cdots = 0.1 + 0.01 + 0.001 + 0.0001 + 0.00001 + \cdots$$

$$= \frac{1}{10} + \frac{1}{100} + \frac{1}{1000} + \frac{1}{10000} + \frac{1}{100000} + \cdots$$

$$= \frac{1}{10}\left(1 + \frac{1}{10} + \frac{1}{100} + \frac{1}{1000} + \frac{1}{10000} + \frac{1}{100000} + \cdots\right)$$

$$= \frac{1}{10}\left\{\left(\frac{1}{10}\right)^0 + \left(\frac{1}{10}\right)^1 + \left(\frac{1}{10}\right)^2 + \left(\frac{1}{10}\right)^3 + \left(\frac{1}{10}\right)^4 + \cdots\right\}$$

$$= \frac{1}{10}\sum_{n=0}^{\infty}\left(\frac{1}{10}\right)^n$$

ここに無限数列の和 $\sum_{n=0}^{\infty}\left(\frac{1}{10}\right)^n$ が出てきました.この循環小数は,公比 $\frac{1}{10}$ の無限級数に比例することがわかります.$\frac{1}{10} < 1$ ですので,先程の式を使うことができますので,

$$\frac{1}{10}\sum_{n=0}^{\infty}\left(\frac{1}{10}\right)^n = \frac{1}{10}\times\frac{1}{1-\frac{1}{10}}$$
$$= \frac{1}{10}\times\frac{10}{9} = \frac{1}{9}$$

となります．すなわち，循環小数 0.11111111… は，分数 $\frac{1}{9}$ であることがわかりました．

このように，無限級数の和は，本テキストでも投資プロジェクト評価で使われたように，さまざまな分野で活躍している便利な数学のツールです．

あとがき

　未来はいろいろな可能性に満ちています．その可能性の中には良いことも悪いこともありますが，すべてを確実に予想することは不可能です．私たちはそのような不確実な状況に対して意思決定をしなくてはなりません．その結果が意図に反することになる可能性，つまりリスクは十分にあります．それを恐れて立ちすくむと，チャンスを失うという別の大きなリスクを生みます．もちろん一時退避という戦術もありますが，リスクには前向きに挑戦し続けなければなりません．そのような意図のもとに本書の副題をつけました．

　リスクを考えるべき分野は大きく広がっています．本書は金融リスクを比較的大きく取り扱っていますが，決して金融工学の入門書を目指したのではありません．あくまでリスクという概念でより良い社会をつくっていき，同時にそこで生きる人に充実感を味わってもらうことを考えたものです．金融リスクの割合が多いのは，本書の基となった教育プログラムが始まったのが，金融工学に脚光が当たり，そしてほどなくリーマンショックを迎えた時期だったことによります．もちろん，社会では他の分野においても深刻なリスク問題が頻発しています．2011年3月の東日本大震災とそれに伴う福島第一原発の事故以降しばらくの間「リスク」という言葉を聞かない日はなかったように思います．本書で取り上げた分野以外にも，医療や自然災害など重要なリスク分野が残されています．いじめ問題などを含む人間関係のリスクも避けられない問題です．リスクの理論的な検討の発祥の場である保険の考え方や，各種のリスクマネジメント手法についても触れるべきだったかもしれません．

　しかし，本書は確立した知識を体系的に整理する古典的な教科書とは違うと割り切らざるを得ません．現在進行中の問題も含んでいますし，それ以上に，今後は現在想定されてもいないようなリスクが生まれてくるはずです．数年のうちに書き換えられるべき内容も出てくるかもしれません．むしろ，だからこ

あとがき

そさまざまな分野のリスクを学ぶことで，新たなタイプのリスクが生じても対応できる基礎づくりを目指したものです．読者の皆さんが本書を出発点として学び続けていくことを期待します．

　まえがきで，夢があればリスクがあるという趣旨のことを書きました．その夢をどのように描くか，目的をどのようなに設定するかも大切なことです．これについては本書で直接触れることができませんでしたが，第1章の図で示したように，リスクを学ぶことがさまざまな分野への視野を広げることに役立つはずです．

　学ぶことには終わりはありません．学ぶことを階段を上っていくことに喩えれば，本書がそのためのしっかりとした一段になると信じています．

　本書の出版にあたっては日科技連出版社の戸羽節文氏，石田新氏に大変お世話になりました．心よりお礼申し上げます．また，本書の内容に関しては多くの方々からコメントをいただきました．この場を借りてお礼申し上げます．

　2013年1月

柴田　清

索　引

【英数字】

CAPM　152
COSO　111
DoS攻撃　91
FMEA　8
heuristics　181
IT技術　86, 87
NPV　155
PDCA　191
risk communication　174
risk perception　177
TOPIX　138
VaR　142

【あ行】

アップサイド　106
安全　21, 25
安定供給　51, 53, 55, 65
閾値　73
一般的リスク　14
意図する使用　29
ウィルス　90
オプション　165
　　——価値　166
オペレーショナルリスク　10, 123, 125
オペレーションリスク　103

【か行】

外国為替リスク　144
回避　108
化学物質　71, 72, 73
格付　129
　　——機関　130
　　——記号　131
確率　195

確率分布　196
確率変数　162, 196
確率論的安全解析　193
貸倒れリスク　129
過失責任　31
加重平均資本コスト　152
過剰発がんリスク　76
株式市場　121
為替レート　143
環境規制　70
環境配慮企業　71
環境マネジメントシステム　71
間接金融　117, 118
感染症　11
カントリーリスク　11, 53
感応度分析　147
危機管理　6, 12, 102
企業　97
企業経営の活動　99
企業経営リスク　97
企業統治　100
危険な製品　11
気候変動　69
技術的リスク　53
期待効用理論　186
期待収益率　151
期待値　162, 196
客観的リスク　14
キャッシュフロー　56, 154
許容摂取量　74
金融　117
　　——市場　120
　　——派生商品　165
　　——リスク　103, 123
金利　150
　　——リスク　145

203

索　引

クライシス・コミュニケーション　175
クレジットリスク　129
ケア・コミュニケーション　174
経営　97
経営管理　6
　　──手法　102
　　──的活動　100
経営戦略　102
経済的リスク　53
警察白書　41
欠陥製品　11
結合　109
厳格責任　32
健康被害　12
現在価値　150
原子力発電所の事故　16
公害問題　69
公社債　122
　　──市場　121
交通安全意識　42
交通事故　40
交通システム　10
功利主義　192
合理的な経済人　192
合理的に予見される誤使用　30
コーポレート・ガバナンス　100
コールオプション　145
個別的リスク　14
コマーシャルリスク　11, 53
コンセンサス・コミュニケーション　175

【さ行】

債権　122
サイバーテロ　92
シートベルト　43
事業戦略リスク　10
資源エネルギー　11
資源ナショナリズム　53
資源メジャー　54, 64

試行　195
自主開発　55
市場ポートフォリオ　152
市場リスク　12, 123, 124, 129, 137
事象　195
システマティックリスク　140
システム　191
システム障害　92
事前警戒原則　188
資本コスト　152
資本資産評価モデル　152
社会的責任　100
社会的リスク　53
収益率　140
重大製品事故　23
柔軟性の価値　166
主観的リスク　14
受動リスク　13
循環小数　199
純粋リスク　13
状況の確定　107
消費者用製品　21
情報化社会　85
情報セキュリティ　89, 93
正味現在価値　155
除去　108
食品　71
人的リスク　14
信用格付　129
　　──業者　132
信用リスク　10, 123, 129
　　──移転　134
　　──管理　132
信用力　131, 132, 133
信頼　48
スリーマイルアイランド　16
正義　192
正規分布　199
制限　109

索　引

製造上の欠陥　33
製造物責任リスク　11, 31
生態系リスク　79
製品　21
製品事故　11, 21
設計上の欠陥　33
全社的リスクマネジメント　111, 112
全体最適化　192
戦略的リスクマネジメント　112
戦略リスク　103
相関係数　198
想定外　193
損失余命　80

【た行】

ターンバルガイダンス　111
代表性ヒューリスティック　182
ダウンサイド　106
短期金融市場　120
チェルノブイリ原子力発電所　16
地球環境問題　68
長期金融市場　120, 121
調整と係留　182
挑戦するリスク　14
直接金融　117, 119
通貨オプション　145
通常有すべき安全性　33
デジタルディバイド　92
鉄道交通　40
デフォルトリスク　129
デリバティブ　145
投機的リスク　13
統計量　196
統合的リスクマネジメント　112
倒産のリスク　102
投資の閾値　156
投資リスク　10
道路交通　40
土壌汚染　70

ドラッカー　99

【な行】

内部統制　10
　　　システム　111
日経平均株価　137, 138
能動リスク　13

【は行】

曝露評価　77
ハザード　18
　　　比　75
　　　リスク　103
発がん性　11, 75
バリュー・アット・リスク　142
パンデミック　11
東日本大震災　17
ビジネスリスクマネジメント　112
ヒューリスティック　181
表示上の欠陥　33
標準偏差　163, 196
標本空間　195
不確実性　7, 69, 74, 83, 85, 162, 185, 189, 192
不正侵入　90
物的リスク　14
部門管理　110
フレーミング効果　181
プロジェクトファイナンス　56
分散　109, 163, 198
分散投資効果　140
平均値　162
防止　109
法令遵守　100
ポートフォリオ　138, 140
保険　187
保険管理　102
ボラティリティ　141
ポリティカルリスク　53

索　引

【ま行】

マネジメント　99
マネジメントシステム　10
無影響量　73
無過失責任　32
無限数列　199

【や行】

有害物質　69, 71
有価証券　119
融資担保　133
融資保証　133
用量―作用関係　72, 75
予防原則　188

【ら行】

リアルオプション理論　165
リーマンショック　16
陸上交通　40
リコール　16
リスクアセスメント　9, 108
リスクコミュニケーション　174
リスクコントロール　108
リスクシェア　56, 65
リスク対策　9
リスクテイク　53, 65

リスク認知　177
リスクの大きさ　7
リスクの算定　107
リスクの定量化　8
リスクの同定　107
リスクの特定　107
リスクの見積もり　107
リスク評価　108
リスクファイナンス　109
リスクフリーレート　151
リスクプレミアム　151
リスクプロファイル　112
リスク分散　60
リスク分析　107
リスクマッピング　112
リスクマネー　55, 56
リスクマネジメント　101
リターン　141
利用可能性ヒューリスティック　182
レアアース　57
レアメタル　57
ローン担保証券　134

【わ行】

割引　150
割引現在価値　150

【編著者紹介】

柴田　清　千葉工業大学社会システム科学部教授　（執筆担当：第 1, 6, 7, 15 章）
　東北大学大学院工学研究科博士前期課程修了，新日本製鐵㈱，米国ミズーリ・ローラ大学客員研究員，東北大学講師，同助教授，(独)海上技術安全研究所を経て現職．博士(工学)．
　『有機スズの環境科学』(共著)，恒星社厚生閣，『不確実性と人類の未来』(共訳)，日科技連出版社，『エンジニアのための工学概論』(共著)，ミネルヴァ書房など．

【著者紹介】　（五十音順）

安藤　雅和　千葉工業大学社会システム科学部准教授　（執筆担当：第 11 章，補章）
　南山大学大学院経営学研究科博士後期課程修了，統計数理研究所を経て現職．博士(経営学)．
　『組織心理測定論』(共著)，白桃書房．

越山　健彦　千葉工業大学社会システム科学部教授　（執筆担当：第 2, 3, 8 章）
　早稲田大学大学院アジア太平洋研究科博士後期課程修了，(財)製品安全協会を経て現職．博士(学術)．
　『人間工学の百科事典』(共著)，丸善出版，『リスクマネジメント用語事典』(共著)，同文館出版，『消費者庁誕生で企業対応はこう変わる』(共著)，日本経済新聞出版社など．

徐　春暉　千葉工業大学社会システム科学部教授　（執筆担当：第 9, 10 章）
　東京工業大学大学院理工学研究科博士課程修了，広島工業大学助教授，ハーバード大学リサーチフェロー，千葉工業大学助教授を経て現職．博士(工学)．

高木　彩　千葉工業大学社会システム科学部准教授　（執筆担当：第 4, 14 章）
　一橋大学大学院総合社会科学研究科博士課程満期退学，(独)科学技術振興機構，厚生労働省，千葉工業大学助教を経て現職．博士(社会学)．
　『NEXT 教科書シリーズ　心理学』(共著)，弘文堂，『社会心理学事典』(共著)，丸善出版，『自分を知り，自分を変える：適応的無意識の心理学』(共著)，新曜社．

高嶋　隆太　東京理科大学理工学部講師　（執筆担当：第 12, 13 章，補章）
　東京大学大学院工学系研究科博士課程中途退学，東京大学助手，同助教，電力中央研究所協力研究員，千葉工業大学助教，同准教授を経て現職．博士(工学)．

山崎　晃　千葉工業大学社会システム科学部教授　（執筆担当：第 5 章）
　京都大学大学院理学研究科博士前期課程修了，英国ケンブリッジ大学，経済産業省などを経て現職．博士(工学)．

初めて学ぶリスク科学
－前向きにリスクを語ろう－

2013年4月2日　第1刷発行
2022年3月18日　第4刷発行

編著者	柴田　　清	
著　者	安藤　雅和	越山　健彦
	徐　　春暉	高木　　彩
	高嶋　隆太	山崎　　晃
発行人	戸羽　節文	

検印省略

発行所　株式会社　日科技連出版社
〒151-0051　東京都渋谷区千駄ヶ谷5-15-5
DSビル
電話　出版　03-5379-1244
　　　営業　03-5379-1238

印刷・製本　三秀舎

Printed in Japan

© Kiyoshi Shibata et al. 2013　　ISBN 978-4-8171-9468-8
URL　http://www.juse-p.co.jp/

本書の全部または一部を無断でコピー，スキャン，デジタル化などの複製をすることは著作権法上での例外を除き禁じられています．本書を代行業者等の第三者に依頼してスキャンやデジタル化することは，たとえ個人や家庭内での利用でも著作権法違反です．